ワタキューセイモア会長
安道 光二の

『感謝、謙虚、そして思いやりの心を』

村田 博文 著

財界研究所

プロローグ

大きく時代が変化する中で、いかに企業経営を維持発展させていくか——。安道光二氏の経営者人生を振り返ると、社長就任以来、このことに腐心してきたことがよく分かる。ワタキューセイモアと日清医療食品の２つの会社を中心に、ワタキューグループは発展し、いまやグループ50社、約９万６０００人の社員を抱える巨大な企業集団になっている。全国各地に拠点を構え、その事業を統括していくには何が必要か。

安道氏は１９９７年（平成９年）に社長に就任するや、まず経営理念の確立に向かった。社是を『心』とするワタキューグループの「基本方針づくり」である。その「基本方針」をつくるに当たり、その根底にあるのは『感謝の気持ち』と『謙虚な姿勢』、そして『思いやりの心』が必要という考えである。

戦後75年が経ち、いろいろなことが起きている。自然災害、異常気象、さらには感染症といった問題。それらがグローバルに絡み合って、ある意味、世界に不安の気持ちが蔓延《まんえん》し、ややもすると、自分たちの生き方の原点を見失いがちである。そうしたときに社是を『心』として、社内をまとめていくという安道氏の経営手腕に我々は注目したのである。

ワタキューグループは1872年（明治5年）、創業者・村田久七《きゅうしち》氏が起こした「村田製綿所」が起源である。2022年（令和4年）には創業150年を迎える歴史のある会社。この約150年の歴史の中で、同グループはいくつもの試練に出会い、それを乗り切ってきている。2代目・村田庄太郎氏が村田製綿所をさらに発展させ、3代目・村田清次《きよつぐ》氏の時代に大きな飛躍の時を迎える。

戦後の混乱期、1950年（昭和25年）に株式会社に改組し、「綿久製綿」に組織を改革。朝鮮戦争の特需で息を吹き返しながらも、製綿業という市況に左右されやすい体質を改革するにはどうすれば良いか、3代目は模索。そのようなときに社会は大きく変化し、1961年（昭和36年）、国民皆保険制度がスタート。国民にあまねく医療福祉の機会を与えるという趣旨の制度。このときに当たり3代目・清次氏は病院基準寝具という事業に乗り出す。それまで病院が自ら手がけていた入院患者用の寝具の洗濯の外部委託も可能という制度が生まれた。今で言うアウトソーシングのスタートである。清次氏は1962年（昭和37年）に「綿久寝具」を設立したのである。

さらに、当時の病院給食に関するさまざまな課題に着目し、1972年（昭和47年）

に「日清医療食品」を設立。同グループは病院基準寝具と病院給食の両事業を中心に、以後、発展・成長していくことになる。

3代目・清次氏は中興の祖というべき存在。しかし、仕事に東奔西走《とうほんせいそう》した疲れが溜まってか、清次氏は1981年（昭和56年）、55歳という若さでこの世を去る。清次氏の後、その弟・秀太郎氏が4代目社長となり、秀太郎氏の後、安道光二氏が1997年（平成9年）に、5代目社長（ワタキューセイモア社長としては3代目社長）に就任。2016年（平成28年）まで、19年間社長を務める。

安道氏が社長に就任して、まず手がけたことは冒頭に述べた社是を『心』とすることを含めた「基本方針」の制定であった。「企業は人なり」という。企業が発展するかそうでないかを分けるのは「人」である。人としての生き方・原点を見失わずにいこうという安道氏の考えだ。そのための取り組みの1つとして京都市内にある本部の一角に『一心館《いっしんかん》』を設立。ここで新入社員は1年間、寝食を共にし、社是や「基本方針」を学び、『感謝の気持ち』や『謙虚な姿勢』などの大事なことを身につけていく。

経営の基本軸がしっかりしていないと企業経営は揺さぶられる。さまざまな〝想定外のリスク〟が次々と登場する時代にあって、いかに企業経営を維持発展させていくかという命題。企業経営者はもちろん、社員一人ひとりが、自分たちの仕事が何のために存在するのかという基本軸を共有しなければならない。

安道光二氏の経営理念には、創業時の原点、そして自分たちの事業の存在意義を常に確認しようという姿勢がある。このことは各産業領域で企業経営者が日々、痛感していることである。そこに私たちは注目し、安道氏の経営理念を紹介すべく、『財界』誌で連載させていただいた。

人は何のために生きるのか、そして人と人とのつながりによって構成される社会の在り方を本書で汲み取っていただければ幸いである。

なお、本文中の敬称は略させていただいた。

総合ビジネス誌『財界』主幹　村田博文

２０２０年5月　吉日

目次

第1章

人づくりこそ……

第1節

会社の基本方針を学ぶ『一心館』の設立

医療・福祉施設をあらゆる角度からサポートする――。病院給食では全国シェア3割強、寝具やその他のリネンサプライから手術室補助業務、医療事務、さらには人材派遣、警備、清掃と医療・介護施設へのトータルサポートを展開。全国に拠点を構え、グループ会社は約50社、総売上高6400億円で、その中には建設会社もある。従業員数は約9万6000人を数えるワタキューグループ。もともと、製綿業（屋号は綿久）から出発し、1872年（明治5年）の創業。150年近い歴史の中で、製綿、寝具の製造販売、そして現在の事業に進化してきた、数々の試練を乗り越えられたものとは。

○研修場の『一心館』で新入社員は1年間過ごす

京都南部の綴喜《つづき》郡井手町《いでちょう》に本社があり、京都市内に本部を置くワタキューセイモア。その本部の一角に『一心館《いっしんかん》』と呼ばれる研修場がある。

ワタキューセイモアとグループ会社の日清医療食品を中心に、グループの新入社員約１００人が近隣の寮からこの研修場に通い、１年間、寝食を共にして研修に励む。

「ここで、会社の理念、『基本方針』を学び、行儀作法、常識を身に付けるようにしていきます」と会長・安道光二は語る。

学習の場である『一心館』は２０１１年（平成23年）に開館。「会社の『基本方針』を徹底するために、学習の場をつくりました。これは『一つの心の館』という意味で、新入社員が1年間、同じ釜の飯を食べ、同じ風呂に入り、寝泊まりを同じくしていく中で、一種の同志的つながりを深めてもらいたいと考えました」

新入社員は入社後1年間、職場に配属されることなく、『一心館』で研修生活を送ることになる。

一般の企業では入社後2、3カ月を研修期間とするケースもあるが、まるまる1年間の研修ということは余り聞いたことがない。会社負担もそれだけかかるが、安道は「ワタキューグループは『感謝の気持ち』と『謙虚な姿勢』を仕事の出発点に据えてやってきました。この創業時の原点にたち還ることが大事。新入社員には会社の『基本方針』を徹底して身につけ、実践してもらいます」。研修生は病院の給食現場や福祉施設の介護現場などで実地研修を受ける。また、営業同行も行う。そうやって、自分たちのグループ（約50社）がどういう業務を手がけているのかを知ってもらう。

ワタキューグループの創業家・村田家は、京都・綴喜郡井手町で製綿業と菓子業を営んでいた。現社名の『ワタキュー』は屋号の『綿久』に由来。初代の村田久七《きゅうしち》は、菓子業を兄弟に譲り、自らは製綿業（村田製綿所）に専念。2代目・庄太郎《しょうたろう》がその製綿業を受け継いだ。

3代目の村田清次《きよつぐ》は、庄太郎の次男。長男の要太郎《ようたろう》は戦争で兵役に就き、帰国したが病を得て間もなく亡くなった。清次も兵役の召集を受けたが、内地での兵役で無事帰還していたので、次男の清次が3代目を受け継ぎ、1950年（昭和25年）に村田製綿所を改組し、『綿久製綿』という株式会社組織にして、新しい出発に踏み切った。

新入社員が１年間、寝食を共にして研修に励む「一心館」

綿久製綿の初代社長となった清次は折からの〝朝鮮特需〟の波に乗って、会社を大きくする。同年に勃発した朝鮮戦争は１９５３年（昭和28年）まで続くが、この間、清次は持ち前の情報収集力と行動力を遺憾なく発揮し、立ちあげたばかりの会社の基礎を固めた。この朝鮮特需時、清次の獅子奮迅ぶりは後述するが、清次の基本としたのは『感謝の気持ち』と『謙虚な姿勢』である。

現会長・安道は故郷・島根県を若くして離れ、１９５７年（昭和32年）の入社以来、ずっと清次のもとで仕事をし、その生き方に接してきた。村田家の３代目で、戦後、株式会社組織にした初代社長・清次は時代の変化に的確に対応する経営者であった。

病院のシーツや包布《ほうふ》が健康保険の対象となる、いわゆる『病院基準寝具制度』がスタートするや、基準寝具事業に参入することを決意。「綿久寝具」を１９６２年（昭和37年）

7月に設立。その後、綿久寝具が成長を続ける過程で綿久製綿を吸収（1967年＝昭和42年）。その綿久寝具は1992年（平成4年）の創業120周年を契機に健康インテリジェンス企業を目指して、ワタキューセイモアに社名変更したというのが、これまでの経緯。

ワタキューセイモアの基礎をつくった初代社長・清次は1981年（昭和56年）、55歳で亡くなった。後継社長として清次の弟・秀太郎《ひでたろう》が事業を継ぎ発展させた。その後、安道は1997年（平成9年）から2016年（平成28年）までの19年間社長を務め、現在は会長を務める。

○『感謝の気持ち』と『謙虚な姿勢』、そして〝人の縁〟を大事に

京都・井手町の本社工場と清次宅は隣接。若き日の安道は本社敷地内の寮に住み込み、昼は働き、夜は定時制高校（京都市立洛陽高校、当時）、そして立命館大学の二部に通った。当時、国鉄（現在のJR西日本）奈良線で井手町・多賀《たが》駅から京都駅まで約1時間かかった。午後5時からの高校の授業に間に合わせるには、午後3時に仕

事を切り上げなければならなかった。

「学ぶ所は、学校だけではないよ」と清次は言っていたが、安道の定時制高校通学を許してくれた。そして、授業に間に合うように仕事の段取りをつけてくれた。職場での先輩や同僚からは、「定時制にいっても、すぐやめることになるよ。そういう例はいっぱいあるから」、「それより一緒に遊びにいこう」と変な誘われ方もされた。しかし、そこを脇道にそれず、踏ん張り通した。安道が今は、「一に辛抱、二に辛抱、三、四がなくて、五に辛抱」と若い社員に言い続けるのも、そうした体験を踏まえてのことである。

〝人の縁〟という言葉がある。安道は、この〝人の縁〟を大事に生きてきた。向学心の強い安道は働きながら定時制の高校へ通うことを決めた。授業を終えて、夜汽車に乗って、寮に帰ってくるのは午後11時頃。若い時分だが、体は疲れ切って、その上、腹が減っていて寝られない。そのとき、夜食を用意してくれたのが社長・清次の妻・ヱミ子であった。

こうした周囲の支えもあって、自分もここまでやってこれたという安道の強い思いである。昭和30年代の前半、西暦でいえば１９５０年代後半には、会社の経営者と社員とはぬくもりのある関係で結ばれていた。地元や地方出身の若者を引き取り、懸命に働き、向学心をもって学ぼうとする社員をしっかり引き締めながらも、心の通う支援を当時の経営者は行っていた。1960年代の高度成長期、そして1970年代の2度にわたる石油ショックを乗り切り、日本経済を発展させていったのは、日本の産業界に〝人的結合〟とでもいうべき人間力発揮の場があったからだと思う。

安道はその後、清次の長女・宝子《たかこ》と結婚。この結婚に清次は「村田家の養子になれば……」と条件を付け、当初、反対したという。しかし、安道と宝子の決意は固く、めでたく結婚となったが、安道はそれまでの生き方・働き方で村田家の信頼を得ていたということである。

今、ワタキューセイモアは中核の仕事、寝具設備（病院の寝具のリースと洗濯）で全国シェア約30％を誇る。この寝具リース業界のトップ企業である。高齢社会となり、65歳以上が全人口に占める比率が30％近くになり、病院や介護など、福祉施設での寝具やベッドメイキングやそれに附随するサービスへの需要は、ますます高まる。また、そうした病院や介護施設での食事のサービスをどう提供していくかは、重要な社会的課題。食事サービスについては、グループ会社の日清医療食品で提供しているという実績を持つ。

◯フロンティア開拓とその苦闘

ここまでワタキューグループが成長発展できたのは、清次のフロンティア開拓精神があったからである。

先に触れた『基準寝具』の仕事、つまり病院の寝具リース・洗濯が始まったのは東京五輪の前、１９６２年（昭和37年）のことだが、事業が拡大していくのはいいが、借入金も膨れ上がっていった。安道の弁を借りると、「布団《ふとん》はプロでも、洗濯は素人」ということで、大急ぎで仕立てたプレハブ工場に中古の洗濯機を並べた工場をフル回転させての『基準寝具』への参入であった。

新しい事業への進出には、それ相当の苦労がつきまとう。資金の調達先も、銀行から商社に変わった。ワタキューグループの業務は、医療、介護と社会保障に関連する仕事。国民全員が保険に入る国民皆保険制度がスタートしたのが１９６１年（昭和36年）のこと。病院の寝具リースや入院患者の衣類の洗濯などの外部委託が認められるようになり、翌1962年（昭和37年）、基準寝具の仕事が法律に基づいて始まった。
「法律でできたうえでの仕事ですから、各社も同時にスタート。契約ができると、契約書を持って商社で現金に換えてくる。すなわち、契約が金になるわけですから、必死に契約を取ってくる。まさに自転車操業、停まれば終わりです。ですから、商社の人が夕方5時に帰ると、それからが会議です。社長は1日中、座ったままで大変だったと思います。夜の10時、11時までは当たり前。朝までやって夜が明けます。まさに寝る間もありませんでした。村田家の人はよく働きます」

そういう厳しい時期をくぐり抜けて同社は力を蓄えていく。膨大な借金を完済したのは1982年（昭和57年）。それを見届けられず、その1年前に清次は亡くなっている。「金の工面などで、心労がたたったのだと思います」と安道は述懐する。

前述の通り、安道は1997年（平成9年）から2016年（平成28年）まで社長を務め、現在は会長を務めている。この間、2011年（平成23年）に『一心館』を開設し、「創業時の原点にたち還ろう」と、グループ社員に訴えてきた。それは清次が実践してきた『感謝の気持ち』と『謙虚な姿勢』という精神を身につける精神復興でもある。病院や介護施設などの寝具や食事のサービスで全国一のシェアを握るワタキューグループの基礎は、この創業家の『感謝の気持ち』と『謙虚な姿勢』という精神があってこそ得られたものという思いが安道にはある。

創業家・村田家の製綿業を株式会社に改組し、会社を大きく発展させたのは村田家3代目の清次。清次の時代、来訪客を迎えるときの雰囲気を安道が語る。

「病院のお客さんが工場見学に来られます。わが社はプレハブ、機械は中古、事務所は社長の自宅でした。お客さんにお茶を出すのが清次社長の母・ハルエさんで、おでこを畳につけて挨拶をされていました。『おおきに、おおきに』と言ってね」と安道はその頃を振り返る。同業他社の中には、工場もオフィスもワタキューより立派な所があったのだが、契約はワタキューに次々と決まっていった。「あれだけ丁寧に挨拶をしてくれる所なら、仕事をきちっとやってくれると思ってと、契約先の病院の方々が言ってくれたんです」と安道。

創業間もない頃から、創業社長とその一家の生き方に接してきた安道は、自らの経営者の使命として、この『感謝の気持ち』と『謙虚な姿勢』をグループの基本精神にしていこうと決意。『一心館』の開設に踏み切ったのである。

第2節

製綿業から病院・福祉関連の寝具・給食事業へと転換

「感謝の気持ち」と「謙虚な姿勢」――。ワタキューセイモア会長・安道光二が創業時の原点に戻ろうとグループ社員に訴え、「その創業時の精神に沿って人づくりに努めていきたい」と語る。9万6000人のワタキューグループ。その発展のもとをつくったのは創業家3代目の村田清次。製綿業から病院で患者が使うシーツや包布をリースする事業に乗り出す背景には「病院基準寝具制度」があった。また、同じ1961年（昭和36年）には国民皆保険制度もスタート。そうした時代の変化を先取りしての清次の決断。さらに日清医療食品も設立する。変化対応の経営だ。

○『ワタキューおじぎ福助』

綿久寝具からワタキューセイモアの社名になったのは１９９２年（平成４年）のこと。祖業・製綿業を始めた村田久七を創業家の初代とすれば、株式会社組織にした清次は３代目になる。弟・秀太郎が４代目、その後を受けて安道が１９９７年（平成９年）に５代目社長に就任、２０１６年（平成28年）まで続けた。そして、社長職を村田清和《きよかず》（清次の長男）に引き継いだ。

「自分の代で経営をおかしくするわけにいかない」という安道。その思いが経営の改革を進める原動力になってきた。「企業は人なり」と言われるが、環境変化の激しい今日、経営の根幹を担う人づくりこそが何より大事という安道の経営観である。

各地域で事業を展開するに当たり、同グループ各社では「私達は創業時の原点にたち還り、お客様には仕事をさせて頂いている」から始まる「基本方針」を毎朝、各職場の全員で唱和《しょうわ》することから、その日の仕事をスタートする。そうした『感謝の気持ち』と『謙虚な姿勢』の気持ちを表すために、同グループは『ワタキューおじぎ福助』

を全国の拠点・事務所の机の上に置いている。
一般に見る足袋の福助とは違って、こちらは『ワタキューおじぎ福助』。文字通り、頭を低くして、おじぎをしている福助像で、ワタキューカラーの青と黄色が全体にほどこされたもので商標登録済み。

「感謝と謙虚」の気持ちを表す「ワタキューおじぎ福助」

「一心館での研修生も２０２０年（令和2年）は10期生になります。これまで研修を経験した人たちは各職場で、お辞儀や朝晩の挨拶で率先して動いてくれています。実家に帰ると、ご両親が『うちの息子がガラリと変わって』とびっくりされるという話も聞きます」と安道も相好を崩す。
『一心館』では、お辞儀も5秒間、頭を深々と下げるところから研修が始まる。

○初代社長・村田清次のパイオニア・スピリッツ

現在のワタキューグループは医療・福祉関連の総合商社と呼んでいいほど、事業は多岐にわたる。病院や社会福祉施設向けの寝具、リネン類の洗濯・リース事業、手術用具の滅菌消毒、物品管理、病院内での売店、喫茶店などの運営。そして、家庭向け介護用品のレンタル・販売、介護者が活動しやすくなるようなバリアフリーの住宅改修を手がけ、調剤薬局、さらには医療・福祉関連の人材派遣や施設の設計・建設など実に幅広い。

こうした幅広い事業展開の基礎をつくったのは、創業家・村田家の3代目の清次(1925年=大正14年−1981年=昭和56年)である。清次は、2代目・庄太郎の次男として生まれたが、長男・要太郎が戦地から引き揚げてきて間もなく亡くなったことから、家業の製綿業を受け継いだ。

戦後の混乱の中、清次は朝鮮動乱による特需をつかむなど、経営の才を発揮し、事業を拡大。そして、1950年(昭和25年)、朝鮮動乱が起きた年、村田製綿所を改組、株式会社の綿久製綿として新しい出発を図る。

　製綿業は原綿市場の変動にも左右される。清次も幾度かの試練に遭遇するが、それを乗り切っていく。そして、戦後日本は復興し、昭和の高度経済成長を迎えるのだが、「もはや戦後ではない」と経済白書が宣言したのは１９５６年（昭和31年）。

　安道が故郷・島根県大田《おおだ》市を離れて就職した１９５７年（昭和32年）は『綿久製綿』の時代。日本経済が高度成長時代に入ろうとするトバ口《くち》であった。前年の１９５６年（昭和31年）には、本社第３工場を建設、次いで関東市場をにらんで、東京・吉祥寺に東京工場を開設と、攻めの経営が続いていた。市場開拓としては、法務省にふとん綿を納入開始するなど、事業拡大に懸命のとき。

　若き日の安道は、当時の清次をどう見ていたのか。

「昭和25年（１９５０年）に朝鮮戦争が起き、米軍の基地となった日本にさまざまな物資調達の依頼がありました。綿久は、米軍調達局からの特需綿に応札し、受注したわけです。その特需で日本一の落札。25人で創業した京都の綿久製綿という名も知れない会社が日本一の特需を取ったんです」

　そのとき、清次は25歳。他の大手の製綿業も入札に参加する中で、最大の量を受注し、業界関係者を驚かせた行動力。発注元の米軍調達局はもちろん、同業からも、当時は京都の小さな製綿業の綿久が受注量を納期までに商品化できるのかと訝《いぶか》しかったというのも無理はない。しかし、そこは清次の真骨頂を発揮する好機でもあった。昼夜兼行で工場を動かし、ちゃんと納期に間に合わせ、米軍調達局を満足させたという逸話が残っている。時代の流れを読み、的確に手を打ってきた。

１９６１年（昭和36年）には国民皆保険制度がスタート。誰でも、どこでも、いつでも、みんなが保険医療を受けられる制度がつくられた。

○綿久寝具、日清医療食品を設立

それより一足先、１９５８年（昭和33年）には、厚生省（現厚生労働省）は国民健康保険などの疾病保険制度改革の一環として、病院寝具設備の基準を設けようとしていた。いわゆる病院基準寝具制度である。

当時、患者が入院するときは自宅から布団を持参することが多かった。それでは、衛生的な環境維持を妨げる要因になるという問題があった。そこで、病院で患者が利用するシーツ、包布《ほうふ》、枕カバーなどを週1回以上洗濯し、その料金を健康保険の対象として医療費で支払うという制度がスタート。この病院基準寝具という未開拓市場に、将来の有望性を感じた清次は、病院基準寝具のリースという全く新しい仕事とシーツや包布など、リネン類の洗濯事業を決意した。

清次は1962年（昭和37年）7月17日、綿久寝具株式会社を設立した。綿久寝具の業績は年を追って伸び、1967年（昭和42年）には〝親会社〟の綿久製綿を吸収合併。

また、病院給食にも清次は関心を寄せており、1972年（昭和47年）9月、日清医療食品を設立。もっとも、この新事業は冷凍食品を中心とする食材販売事業だったが、当時の日本では、冷凍食品市場はまだまだ未成熟。加えて、国民の間では冷凍食品への抵抗感が強かった。また、冷凍食品の加工や保存技術、配送システムのノウハウもまだ未発達で、しばらく開店休業状態が続いた。

約50年前に日清医療食品ができた当初は3年位赤字が続いて、年40億円の赤字を出したこともあった。それでも我慢に我慢を重ねて研鑽を積み重ねていった。この間の様子について、安道は、「最初は野菜も冷凍すると黄色くなるし、魚もべちゃべちゃとして苦労の連続。３年間、赤字が続いて、それが40億円にまで膨らんだ。そういう中で、我慢して技術開発を進めていった」と述懐する。

こうして研鑽を積み、１９７６年（昭和51年）には積極的な営業活動ができるまでになった。厳しい環境下にあって、辛抱に辛抱を重ね、目的を成就させていく――。グループの社風は、こうして形成されていった。

１９７８年（昭和53年）には医療食加算制度がスタート。医療食とは「厚生大臣の指定した検査機関において調理加工後の実測値による栄養成分が分析され、かつその栄養成分が保たれている加工食品である」という取り決めになっている。

日清医療食品は２００１年（平成13年）10月、ＪＡＳＤＡＱ（店頭市場）で株式を登録（公開）。２０１０年（平成22年）に上場を廃止したが、現在もワタキューグループの中核会社の一つとして重きを成している。

課題を一つひとつ克服しながら、事業を進化させていく。ワタキューグループでは沖縄綿久寝具、綿久リネン、フロンティア、メディカル・プラネットといった会社が新領域開拓に伴って設立され、グループ会社は約50社を数える。病院や福祉施設の設計も手がけるようになり、２０１１年（平成23年）には中堅ゼネコンの古久根《こくね》建設（かっては上場会社）をM＆A（合併・買収）して、建設業務もグループで行えるようにした。

　こうした発展の基礎をつくったのが綿久製綿初代社長で綿久寝具、日清医療食品を設立した清次であった。清次は1981年（昭和56年）9月11日逝去、55歳の人生を閉じた。まだ働き盛りで、それまで同グループをぐいぐいと引っ張ってきただけに、その余りにも早い死を嘆く声が多かった。

　その後は、実弟の村田秀太郎が後を継ぎ、第4代社長に就任。秀太郎は1997年（平成9年）まで社長職を続けて会長に就任。その後を受けて、安道が第5代社長に就任という経緯。その安道も前述の通り、2016年（平成28年）に清和（清次の長男）にバトンタッチし、現在、会長職を務めている。

○ワタキューセイモアに社名を変更

　この間、社名を綿久寝具からワタキューセイモアに変更（1992年＝平成4年7月1日）。

1872年（明治5年）の創業から120周年を迎えるに当たり、安心・快適な健康生活を創造する『健康インテリジェンス産業』を目指して、30年間親しんだ『綿久寝具』から社名を変更したのである。ワタキューセイモア（WATAKYU SEIMOA）の『セイ』は、生活・生命・人生の『生』であり、また、清潔・清純・清秀の『清』、誠実・誠意の『誠』でもある。『モア』は英語のMORE（より多くの）を意味し、より広く、より多くの人々にサービスを提供するという意味が込められている。

『心とともに歩む』――。自分たちを健康インテリジェンス産業と位置づけ、『感謝の気持ち』と『謙虚な姿勢』という精神、そして誰もが思いやりの『心』をもって、自らの仕事に当たろうという決意が、この言葉に込められている。

『ワタキューセイモア』の社名には、こうした関係者の諸々の思いが集約されている。

第3節

創業者の姿から学んで

企業経営をつなぐ――。ワタキューグループが医療・福祉分野で成長し、病院寝具のリースや病院給食受託業務で日本一の座を掴んだ。時代の風をかぎ取り、新事業を開拓していくフロンティア・スピリッツが旺盛であることが背景にある。積極経営は同社の社風。同時に、攻め一本ヤリだけでは経営は安定しない。そこで安道光二は社長就任（1997年＝平成9年）の翌年1月、年頭挨拶で「創業時の原点」を見つめ直し、「感謝の気持ちと謙虚な姿勢で何事にも接しよう」と〝ワタキュー精神〟の徹底を全社員に訴えた。幾度の試練や危機に遭いながら、それを乗り超えてこられたのは『お客様には仕事をさせて頂いている』という「感謝の気持ち」と「謙虚な姿勢」があったから。中興の祖である3代目・村田清次社長が実践し続けてきたワタキュー精神を受け継いでいこうというのが、安道の思いである。

○「日本一を目指す」――果敢に挑戦した清次社長

「日本一を目指す」――。清次は行動力の人であった。１９５０年（昭和25年）２月、家業の製綿業を株式会社化し、綿久製綿を設立。社員20名で出発した。

先述の通り、朝鮮戦争の特需では、その行動力を遺憾なく発揮。同年６月に朝鮮戦争が起き、米軍調達局から難民救済用綿の調達が始まるや、これにすかさず応札。横浜・桜木町の入札会場で約４００社が応札する中、清次は乾坤一擲《けんこんいってき》、社の実力の数倍にもなる受注量を狙って応札。その入札が受け入れられるや、会社へ電報を打ち、「アリガネモチ、オオサカ（大阪）エキヘコイ」と至急連絡。自分は横浜駅から夜汽車に飛び乗り、大阪の問屋街へ向かった。弟の村田秀太郎（４代目）は現金２０００万円を胴巻きに巻いて、大阪駅で清次を待ち、綿の問屋街の肥後橋《ひごばし》へ向かった。

朝鮮戦争（１９５０年＝昭和25年―１９５３年＝昭和28年）の特需で綿の需要が増え、市場が高騰する前に、先手必勝で買い付けておこうという清次の戦略。

朝６時半から主な問屋を訪ね、ライバルたちが買い付ける前に手を打っておこうということで、同日午前中に問屋と契約を完了させた。予約金10％の支払いでの契約であり、総額2000万円にもなる買い付けをスピーディに済ませた。この作戦が功を奏した。年末へ向かって、綿相場は高騰。2000万円相当の綿は6000万円にも暴騰していった。同年末の落札にも成功し、当時の新聞は『京都で三菱に次ぐ2番目の大型落札を綿久製綿が』と報じた。京都府下に「綿久あり」と、その名を世間に知らしめる動きであった。

村田清次・綿久寝具（現ワタキューセイモア）元社長

この時の応札について、安道が語る。

「わたしは昭和32年（1957年）の入社なので、そのときの具体的な様子は承知していませんが、関係者の話だと、綿久の数量は2ケタ多いと言われて、入札が後回しになったらしいんです。実力以上と思われたらしいんですが、清次社長は粘ってそれで押し通して認められたというのです。帰ってから、工場は朝早くから夜遅くまでフル稼働、それで入札した数量を納期より20日位早く納品したと聞いています」

ここぞという勝負時に思い切って打って出る。経営者としての決断力と行動力は人一倍のものがあったということ。

しかし、試練が清次を襲う。1958年（昭和33年）夏には原綿の市場が大暴落。綿関連の仕事は景況悪化で厳しくなり、綿久製綿も売上不振に見舞われ、取引先からの長期受取手形の不渡りも重なって、資金繰りが悪化したのである。

◯1957年入社の安道は間もなく銀行管理に直面

安道はこの前年の1957年（昭和32年）春、故郷・島根県大田《おおだ》市を離れて綿久製綿に入社。安道が入社した頃は時代の変わり目。戦時経済にスタートした配給制度がしばらくは続き、米や塩のほか、綿もその配給制度に組み込まれていた。

「綿も配給になっていて、過去の実績で権利をもらえるわけですね。当社は布団も綿もいっぱい売って実績がありましたからね。それで利益を上げていた。ところが、その配給制度も廃止になり、綿の相場が大暴落。ダブルパンチのところへ、取引先の布団屋さんの不渡手形が出てトリプルパンチになった」

安道はこう述懐する。こうして、1959年（昭和34年）初めには、同社も倒産寸前にまで追いつめられた。綿久製綿は、主力銀行の管理下に置かれ、大口債権先への支払い延期要請、社員の削減、営業所の閉鎖などにも踏み切った。

1959年（昭和34年）2月17日。銀行管理の日を迎えたときのことを、安道は今でも鮮明に覚えている。安道はこのとき17歳だった。

「わたしはその頃、布団屋さんに綿を配達していました。その朝も配達しようと思って、車にガソリンを入れに、行きつけのガソリンスタンドに行ったら、入れてくれないんですね」。普段と店員の様子が違うので、説明を求めると、「あんたの所は現金を持ってこなかったら入れてはいけないと、上司に言われている」という返事。

若き日の安道には、何のことか事情がよく呑みこめず、会社に引き返した。

『綿久』は経営が行き詰まり、銀行管理に追い込まれたのである。同社は、大きな転機を迎えようとしていた。

○新しいビジネスのひらめき

1961年（昭和36年）、清次は新しいビジネスの構想を生み出した。病院に寝具類をリースし、その寝具類の洗濯も一括して行うというビジネスである。

この頃、同社は洋布団を新たに開発。それを売り込もうと、京都の病院を中心に折衝を重ねているときに、清次は新事業の構想を固めていった。当時、厚生省（現厚生労働省）は病院が備える寝具設備の基準を整備しつつあった。患者が使う寝具一式を病院が備えれば、それに対し、「健康保険の給付を行う」とか、病院は寝具一式の洗濯、消毒、修理などを「外部に委託できる」というルールの法制化を進めようとしていた。それまで、寝具の設置やその洗濯、消毒、修理は病院の手で行わねばならなかったが、そうした仕事を「外部に委託できる」としたのである。

1961年（昭和36年）に国民皆保険がスタート。医療が国民により広く、より深く寄り添う方向で政策が大きく変わろうとしていた。こうした時代の変化を鋭く捉えた清次は、『病院基準寝具』市場は大きく成長すると読み、そこに大きなビジネスチャンスがあると感じ取った。そして1962年（昭和37年）7月、綿久寝具を設立する。京都・綴喜《つづき》郡井手町《いでちょう》の本社内にある製綿工場の隣に洗濯工場を建設。基準寝具資材も購入して、まず京都地区での病院基準寝具の営業を開始した。

やると決めたからには、「日本一を目指す」という考え。それにはライバルに先んじて、全国各地の病院と契約を結ぶ必要があり、営業拠点や洗濯工場の全国展開を進めなければならなかった。

事実、綿久寝具設立の1962年（昭和37年）7月には、京都以外に小樽（北海道）にも洗濯工場を建設。翌1963年（昭和38年）には佐賀県に進出、同年10月には洗濯工場を建設と、北海道から九州までをにらんで、早々と手を打っていった（沖縄は本土復帰前年の1971年＝昭和46年4月に沖縄綿久寝具を設立）。全国規模で事業を展開するには、膨大な先行投資が必要で、資金面で協力してくれたのが、以前から洋布団で取引のあった大手商社だった。

この基準寝具事業は、次々と新しいビジネス誕生につながっていった。寝具リース事業はホテル業界にもリネンサプライの横展開ができ、1973年（昭和48年）には綿久リネンを設立した。そして、太いパイプができた病院向けに、今度は「医療食を提供しよう」という発想につながった。

こうして1972年（昭和47年）に日清医療食品が設立され、今や病院給食市場では3割以上のシェアを握るなど存在感は大きい。清次は、1964年（昭和39年）に新設された日本病院寝具協会の3代目理事長に就任。基準寝具の普及やインフラ整備に尽力した。

このように清次は試練をいくつも乗り越えながら、病院基準寝具、病院給食事業を中心に、医療・福祉事業領域でワタキューグループの存在感を重いものにする基礎をつくった。清次のリーダーシップによって率いられたワタキューグループは、創業110周年に当たる1982年（昭和57年）6月期にグループ4社の売上高が250億円を超え、念願の無借金経営を実現した。しかし、残念ながら、清次は1981年（昭和56年）9月、病に倒れて死去。享年55歳という、あまりにも若い歳での逝去に関係者の悲しみにも大きいものがあった。

無借金経営が1982年6月期で実現できたことを自分の目で確かめられないまま旅立った清次。その思いを受け継いで、実弟の村田秀太郎が社長を受け継いだ。

4代目社長・秀太郎は積極経営を継承しながらも、『攻め7分、守り3分』の方針を打ち出し、「新規推進と新市場開拓」を経営方針に掲げた。

○『感謝の気持ち』と『謙虚な姿勢』を信条に基本方針を明文化

秀太郎の後、安道が1997年（平成9年）8月社長に就任。安道は先述の通り、1957年（昭和32年）の入社。集団就職組の1人で、生え抜き社員である。

4代目までは創業家・村田家の出身者がトップに就いてきたが、安道は3代目・清次の長女と結婚。若い頃から、持ち前の進取の精神で事業を開拓し、トップになってからは「創業時の原点にたち還ろう」と言い続けてきた。

安道は5代目社長として、1997年（平成9年）8月から2016年（平成28年）8月までの19年間、経営のカジ取りを担った。3代目、4代目の積極経営を継続させながら、安道が心血を注いだのが『感謝の気持ち』と『謙虚な姿勢』を信条としてきた同グループの「基本方針」と経営理念の明文化。そして、現在9万6000人にまで膨れ上がった社員教育の充実である。

安道は若いときから、清次とその母・ハルエの腰の低い生き方に接して、感動を覚えていた。ワタキューグループの発展と成長は、この『創業時の原点』が基本にあった。しかし、経営規模が大きくなるにつれ、いつしかその原点が見失われつつあるのではないかと危惧《きぐ》の念を強めていた安道は社長就任後の１９９８年（平成10年）１月、年頭挨拶で、「創業時の原点を見つめ直そう」と訴えた。

安道は、ワタキューグループの歴史に触れ、「感謝の気持ちと謙虚な姿勢で何事にも接してきたからこそ、今のグループがある」と話し、「今こそ、ワタキュー精神を実践することが重要です」と続けた。そして、安道は社是を『心』とすることを全社員に伝えた。そうしなければならない、ある出来事があったのだ。

第2章

3代目社長の生きざまに学ぶ

第1節

創業時の原点を大事に、人財育成へ

「感謝の気持ち」と「謙虚な姿勢」——。病院基準寝具と病院給食を中心に医療・福祉関連分野で日本一の座を築いてこれたのも、このワタキュー精神が基本にあったからだという会長・安道光二の思い。1998年（平成10年）、安道は社長に就任した翌年、創業時の原点にたち還ろうと、「基本方針」を制定。同時に社是を『心』とした。「お客様には仕事をさせて頂いている」から始まる「基本方針」には、仕入先、協力企業との関係のあり方や接し方が書かれ、「誰もが思いやりの心を持ち、互いに協力し……」と唱う。企業数50社、従業員数約9万6000人を擁するワタキューグループの礎を成すのは『人』。その人づくりに懸ける安道の思いとは——。

○「ワタキュー精神」明文化の背景

安道光二が5代目社長に就任したのは1997年（平成9年）9月、55歳のときであった。その翌年、安道は「感謝の気持ち」と「謙虚な姿勢」を基本にするワタキューグループの精神を明文化した「基本方針」を制定する。

安道が社長に就任したとき、創業（1872年＝明治5年）から数えて125年が経っていた。ここまで企業経営が続いてきたのはなぜか、その根本理由は何だろうかと考えたとき、それは『ワタキュー精神』がずっと受け継がれてきたからだと安道は自問自答。

では、『ワタキュー精神』とは何か？

それは、自分が入社以来、村田清次社長やその母・ハルエが実践し、社員たちもそれを見習ってきた『感謝の気持ち』と『謙虚な姿勢』ではなかったのか。しかるに、この『ワタキュー精神』がいつしか、ないがしろにされる場面が出てきていないかという自問自答であった。

その兆候が、実は安道が社長に就任する前に起きていた。

安道が東北支店の支店長の頃のことである。外出先から帰り、自分の部屋に入ると、そこで本部の関係者が仙台工場の担当者と何やら打ち合わせをしていた。工場の生産状況や能率の件が主要課題のようで、「1台の機械の能率が悪いのはなぜか」と聞かれた仙台の担当者が、「手の遅い人が1人いるので、能率が上がらないんです」と発言。すかさず、本部の関係者から「その担当者を取っ替えろ！」という言葉が飛んできた。自分の席で、この打ち合わせの様子をじっと聞いていた安道は、経営の現場が傲慢《ごうまん》になっていると感じ、「これではいけない」と自分の目や耳でもう少し現場のことを調べようと聞いて回った。

若い仕入れ担当者が、自分の父親くらいの年齢の取引先の人に、買ってやっているとでも言いたげに、「あんたの所はそんなものか」といった口をきいているという話も聞き込んだ。清次が逝去して15年が経っていた頃のことである。

社業は拡大し、医療・福祉関連ビジネスの中でのワタキューの存在感も大きくなってきていた。しかし、肝心のワタキュー精神を失っている。これではいけないと安道は痛感。「みんなが亡き社長の教えである『感謝の気持ち』と『謙虚な姿勢』で働いているものとばかり思っていました。15年も経つと、こうなるのか。本部も本社会議もすさんできていました。何とかしなくては前社長に申しわけがない。このままでは会社がつぶれてしまう」

安道は、「創業時の原点にたち還る」ことから始めようと心に決めたのである。１９９７年（平成９年）９月、安道は村田秀太郎の後を継いで５代目社長に就任。ワタキュー精神の根幹である「感謝の気持ち」と「謙虚な姿勢」を経営現場の隅々にまで浸透させ、それを「皆で実践していこう」と、翌１９９８年（平成10年）１月の年頭挨拶で、グループ全体に訴えた。

そして、社是を『心』とするワタキューグループの「基本方針」を制定。それを朝礼、会議など、会社の業務や行事を開く際は、皆で大きな声で唱和《しょうわ》することにした。その「基本方針」を記すと――。

私達は創業時の原点にたち還り

・お客様には仕事をさせて頂いている

・仕入先には売って頂いている

・協力企業の方々には仕事をして頂いている
・会社のみなさんには働いて頂いている

という感謝の気持ちと謙虚な姿勢で
何事にも接する社風を醸成すると
ともに、誰もが思いやりの心を持ち、
互いに協力し、人に誇れる立派な
会社に勤めて良かったと思えるグループ
にする。

以上を礎としてワタキューグループの
強固な石垣を構築するため

社是を「心」とする。

この「基本方針」と、後に「四つの約束」も制定。それは、『基本方針の徹底』、『報告・連絡・相談』、『早期発見・正しい対応』、『率先垂範』の四つの約束である。これらが誰に対する約束かといえば、「自分に対する約束、会社に対する約束、皆に対する約束」という認識である。安道は、この「基本方針」を徹底するために、２０１１年（平成23年）に京都市内の本部の一角に『一心館《いっしんかん》』という学習の場をつくったのである。

「一つの心の館という意味で、一心館にしました。新卒者で入社したら、すぐここに入って1年間、もっぱら学習します。学習するのが仕事です。研修の形で仕事の現場に行きますが、鍛錬《たんれん》の場にしております。同じ釜の飯を食べ、風呂や寝泊まりを同じくして、同志的なつながりを深めてもらいたいということです」と安道は『一心館』設立の目的を語る。

ここでは、「基本方針」や「四つの約束」はもちろんのこと、一般常識や礼儀作法も徹底して教え込まれる。『あ・い・う・え・お』の教えもその一つ。『あ』は明るく、『い』は意志を強く持つ、『う』は（自分は）運がいいと思う、『え』は縁を大切にする、『お』は大きな夢を持つ、ということである。

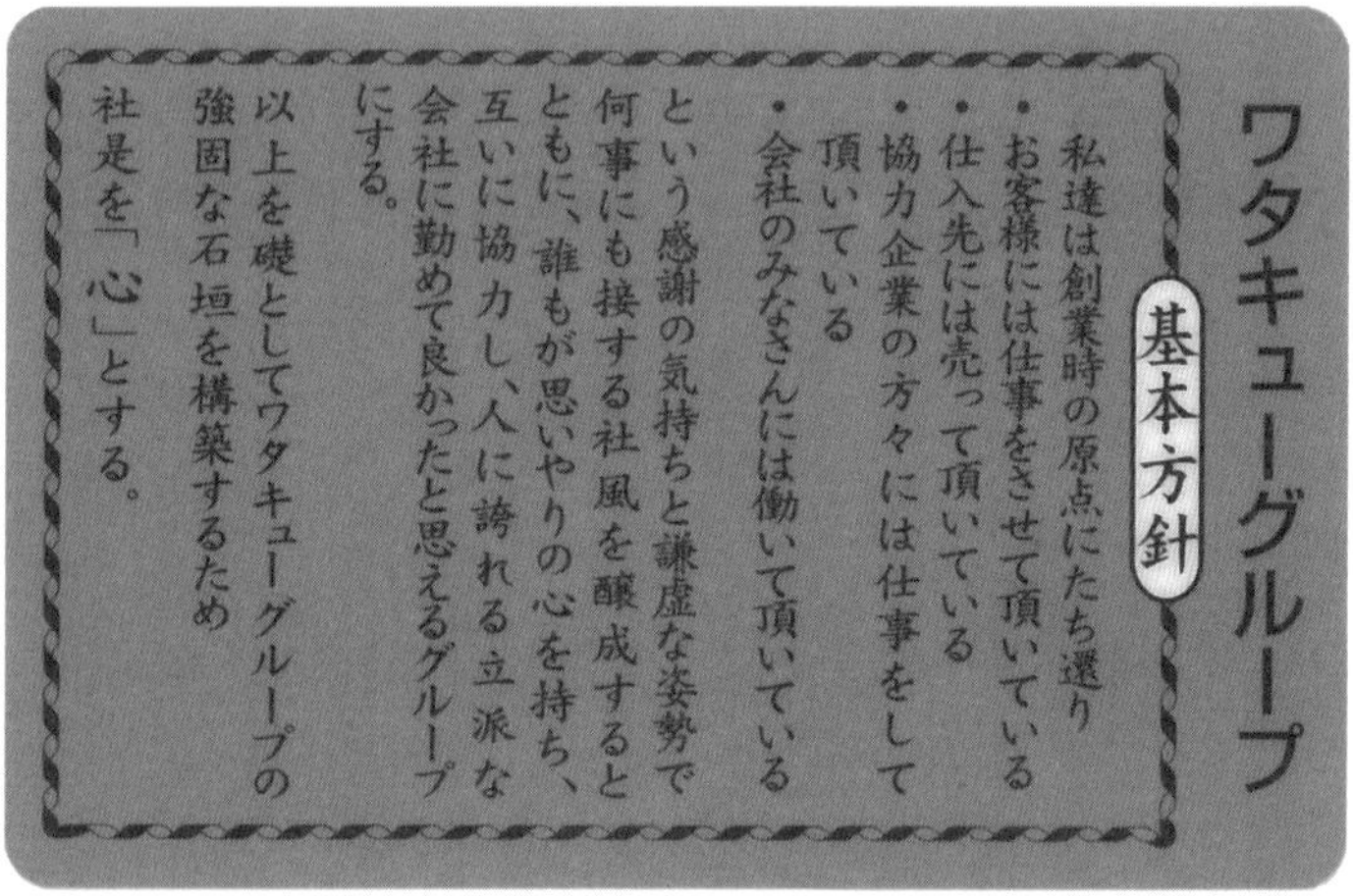
ワタキューグループ
基本方針
私達は創業時の原点にたち還り
・お客様には仕事をさせて頂いている
・仕入先には売って頂いている
・協力企業の方々には仕事をして
頂いている
・会社のみなさんには働いて頂いている
という感謝の気持ちと謙虚な姿勢で
何事にも接する社風を醸成すると
ともに、誰もが思いやりの心を持ち、
互いに協力し、人に誇れる立派な
会社に勤めて良かったと思えるグループ
にする。
以上を礎としてワタキューグループの
強固な石垣を構築するため
社是を「心」とする。

社是を「心」としたワタキューグループの〝基本方針〟

『一心館』は2011年（平成23年）に設立されて2020年（令和2年）は第10期生までできた。ここで修練を積み重ねることで、1年後、各職場に配属されたとき、取引先や先輩などへの挨拶やお辞儀、気配りなどができるようになっているという。安道は、人材を〝人財〟と言い換えて、グループ内でよく次のような話をする。

「一心館で学んだ人たちが将来、ワタキューグループの中核となることは間違いない。必ず会社を支えてくれる人財になると思っています」

◯人の縁、人のつながりに感謝し、思うこと

安道も、時に一心館で話をする。そこで強調するのは、『辛抱』ということ。
「どんな仕事にも、辛さ、厳しさはつきまといます。辞めて他の会社に行ったとしても、その会社では新人扱いだし、年下の人の後輩になってしまう」

安道は島根県大田市の出身で集団就職組の1人として、1957年（昭和32年）に入社。そして、働きながら、定時制高校（京都市立洛陽工業高校定時制の電気科、洛陽工業高は伏見工業高と統合し、2016年＝平成28年に京都工学院高校となった）に通って卒業。さらに立命館大学の二部に通って、これも卒業し、現在、学校法人立命館の理事を務める。

いわば苦《く》学《がく》力《りっ》行《こう》の士。集団就職組で同じ寮にいた者たちも続々と会社を辞めていき、数少なくなっていったが、安道は会社に残り、しかも定時制高校に通うことを決めた。こう書くと、最初から意志の堅い少年という感じだが、安道にも気迷いはあった。入社して翌年の正月、島根に帰郷し、本家で一族の会合が開かれた際、「会社を辞めて、

他の仕事に就きたい」と話した。すると、1人のおばから一喝《いっかつ》され、「石の上にも3年だ」と諭《さと》された。この一喝が安道を奮い立たせた。仕事と勉学の両立を目指し、「定時制高校に行きたい」と会社に申し入れると、清次は快く了承してくれたのである。

本社の井手町を出て、京都市内の洛陽高校の授業開始の午後5時半までに間に合わすには、会社の仕事を午後3時には終わらせないといけない。事情を話すと、清次は月曜日から土曜日まで、午後3時に仕事を終わらせるように手配してくれた。

仕事と勉学の両立と一口に言っても、これはそう簡単なことではない。昼間働き、疲れた体で夜間に授業を受けるというのは若い身であっても、実に辛いこと。安道は定時制高校に4年間通って、無事卒業できた。しかし、卒業式に出席できたのは、4年前の入学者数の半分でしかなかった。

○「一に辛抱、二に辛抱、三、四がなくて、五に辛抱」

安道は2019年（令和元年）11月で78歳を迎えた。これまでの道のりを振り返りながら、次のように述懐する。「もし、定時制に行ってなければ、社長の本宅にも伺っていません。当然、今の家内とは結婚していない。本当に、人の縁とは不思議な気がします」

定時制に通うと決め、そのための受験勉強を始めたとき、工場の先輩たちは「たいてい辞めることになるよ」と言って、「それより遊ぼう」と酒やタバコを勧めてきた。そうした勧誘を断るには、強い意志も必要だが、清次とその奥様のヱミ子夫人の応援が何よりありがたかったという。

清次は京都の商業高校を卒業後、兵役を経て、家業の村田製綿所（綿久製綿の前身）に入った。温厚な人柄で、数々の試練を経てきた清次は、「感謝の気持ち」と「謙虚な姿勢」を経営の基本に据えてやってきた。

時代の風を読み、時に大胆に機先を制する戦略に打って出ることもあったが、それを周囲は受け入れた。それも、日頃の清次の振る舞いを周囲が支援していたということであろう。清次が逝去したとき（１９８１年＝昭和56年９月）、安道は39歳で、もうすぐ40歳になろうとしていた。15歳で入社し、若いが故に自分の進路で悩み、高校、大学に通うと申し出たとき、それを温かく受け入れ、「頑張りなさい」と励ましてくれた当時の清次。一度決めた道を曲げずに踏ん張り通したのは、安道の意志一つだが、それを支えたのは清次をはじめとする周囲の応援。こうした安道の人生航路の中で、自然と『感謝の気持ち』と『謙虚な姿勢』が蓄積されていった。

『一心館』で安道は若い新入社員を前に呼びかける。

「一に辛抱、二に辛抱、三、四がなくて、五に辛抱」

自分がやるべき物事を決めたら、どういう心掛けで臨むか？

「やはり積極的に、明るくですよね。後ろ向きでは、周囲を暗くしますからね（笑）。明るいのが一番です」という安道の返事である。

第2節

会社は突然、銀行管理に。
基準寝具へ望みをつなぐ

経営危機に瀕したとき、人はどう動くのか——。安道光二が１９５７年（昭和32年）に入社して３年目を迎えたとき、会社が銀行管理になった。安道はガソリン販売所で、「お宅は現金でないと売れない」と言われて会社の異変に気づいた。本業不振で、大阪の問屋から日用品・寝具などを仕入れ、京都府や大阪府にある他社の大工場の構内で即席販売をして〝日銭〟を稼ぐことまで体験。そうやって食いつなぎながら新事業を開拓。１９６２年（昭和37年）に病院で入院患者用に使う『基準寝具』に関する法律が制定され、会社経営陣は一気に『基準寝具』にカジを切る。『基準寝具』市場は成長が見込まれたが、その事業資金を巡って、主要取引銀行をどう説得するかという課題に直面して……。

◯朝鮮戦争特需の後、布団綿で成長を図るが……

安道が入社したのは1957年（昭和32年）4月のこと。日本の敗戦（1945年＝昭和20年8月）から約12年が経っていた。この間、日本は復興へ向けて動き出し、朝鮮戦争による特需で復興に弾みがついた。

最初の本格景気は「神武景気」と呼ばれ、1954年（昭和29年）12月から1957年（昭和32年）6月までの31カ月間続いた。この後は、鍋底不況と呼ばれる不況期間が1957年（昭和32年）7月から1958年（昭和33年）6月まで続いた。そして、「岩戸景気」が1958年（昭和33年）8月から1961年（昭和36年）12月までの41カ月間続く。

安道が入社した時期は、鍋底不況に入る数カ月前で、日本経済全体が冷え込み始めていた。綿久製綿（ワタキューセイモアの前身）は1957年（昭和32年）に集団就職組約40人を採用。約100人が入社試験に応募したというから、就職難の時代であった。当時の『綿久』は、朝鮮戦争（1950年＝昭和25年―1953年＝昭和27年）

の特需で一時潤った。綿を固くプレス加工したものが戦線で必要とされたのである。

「綿をプレスすると、カチカチになる。綿をぐっと圧縮したもの、プレスしたものを納めるんですね。わたしたちは弾よけと聞いたんだけれども、弾も綿を圧縮したら通らないというわけですね。カチカチだから、それをたくさん米軍が発注してきたわけです。それで昭和28年（１９５３年）まで日本一の注文を取ったんです」

プレス加工した綿の特需で日本一の注文を取ったということで、「日本に綿久あり」と言われるようになった。ただ、特需は特需で長続きしない。朝鮮戦争が終わると、会社は布団綿の販売を全国で展開しようと、営業要員の増員に努めた。

「その頃、わたしたち昭和32年組が一番多かったわけです。昭和31年組は20人位いたと思います」。安道は入社時の雰囲気をこう語り、次のように続ける。

「昭和28年（１９５３年）に朝鮮戦争が終わるでしょう。昭和29年頃には、何をするかということで、布団綿を売ろうと。それには営業も要るし、人を増やそうということで、第１陣は昭和30年位から入れていった」

安道の故郷・島根や鳥取からの就職組は多かった。本社工場の敷地内には20人位の新入社員が暮らす寮があり、安道たち40人のために、もう１つ新しい寮がつくられ、社内もにぎやかになった。1958年(昭和33年)にはもっと膨れ上がり、寮には、100人位が住んでいた。

布団綿の販売先は、布団を扱う各地の布団店に直に売る方式を取っていた。宣伝は、テレビ、ラジオや宣伝カー、そしてホーロー引きの看板などを使っていた。また、有力布団店にも食い込むため、温泉などに招待して結び付きを深めたりした。それで、布団綿の営業の成績はどうであったのか?

「商品は売れていたんだけど、代金を払ってくれない。結局、それが溜まって不渡り手形が出た。それが続いたものだから苦しくなった。今まで朝鮮戦争特需でものすごく収益が上がっていたのを全部吐き出してしまい、今度は銀行管理になった。主要取引銀行が、『綿久さん、これ以上は、お金は出せませんよ』となるわけです」

もっとも、朝鮮戦争特需が終わった後、布団店向けの布団綿以外に何も手を打っていなかったわけではない。

「法務省向けの布団綿、これは刑務所の受刑者たちのものだと思うけど、その入札を当時の村田清次社長が受注するんです。入札でまた日本一を取るわけです。昭和30年(1955年)、昭和31年(1956年)は、それでつないだという面もありました。

わたしが昭和32年（1957年）に入社したときは、法務省の綿で、3交代で工場は動いていましたからね」

戦後10年余、まだまだ皆が必死に、懸命に自分の仕事を掘り起こしていた頃である。

○ある日、突然、銀行管理に

しかし、安道が入社して2年近く経った1959年（昭和34年）2月、会社は到頭《とうとう》窮《きゅう》してしまい、銀行管理になってしまった。

「わたしが入ったときは良かったんです。わたしはそういう会社の経緯等は分からない、まだ子どもでしたからね。会社の内容は、だんだん根の方から悪くなっていったと思うんですよね。昭和34年（1959年）に一挙に悪くなるわけはないんだから。わたしが入社したとき、一番、新入社員を入れている。表面上は良かったものの、根の方からだんだんおかしくなっていたということですね」

前章で記述した通り、安道はガソリンスタンドで「綿久は現金を持ってこなかったら入れるなと上司に言われている」と店員に言われた。そのとき、「昨日まで普通にガソリンを入れてくれていたのに、何でそんなことを言うのか、皆目分からなかった」と安道は感じたという。会社へ帰ってきて、経理部長のところに行き、ガソリン代をくださいと言うと、経理部長は手提げ金庫を目の前に突き出した。

そして中を開けると、あったのは千円札1枚。その千円札を持ってガソリンスタンドへ行き、給油してまた会社へ戻った。得意先に布団を配達しなければいけないので、そのまま倉庫に出向いたのである。すると、倉庫に鍵がかけられて閉まっているではないか。その日から、『綿久』の製品や在庫は銀行管理の下に置かれた。

安道はその銀行員に「何々商店に綿を何貫目持っていきますよ」と伝票を見せて、倉庫を開けてもらった。その銀行員は倉庫の中を安道の後に付いて、伝票の通り、きちんと運び出しているかをチェック。昨日までとは何かと勝手の違う様子に安道も戸惑うばかりであった。

「銀行管理といきなり言われても、何が何だかさっぱり分からない。要するに会社がいけなくなったみたいだと。びっくりさせられ、これはえらいことになったなと」

入社して2年後の、それこそ想定外の事態に遭遇して、戸惑ったことを安道は今でも鮮明に覚えている。自分が選んだ就職先が経営に行き詰ったことで、大変なショックを受けたということである。

○銀行からリストラ策を指示される中で……

銀行管理になると、再建へ向けて、矢継ぎ早にリストラ策が銀行側から打ち出されてくる。本社工場の社員を半分減らし、１００人体制にせよ、全国各支店の閉鎖も指示され、東京営業所や大阪営業所からも人が帰ってきた。

「大阪とか東京は工場もあったんですが、これも全部引き払えと。本社の寮の社員も大勢いたのが、これもほとんど辞めてもらったんですね。工場の人も半分減らすことになった。半分減らせって大変ですよ。社長は1人ずつ謝って、『あんた、すまんな』と頭を下げて回っていました。当時、社長（3代目・村田清次）は34歳。大変な仕事でした」

大阪や東京営業所は社員1人か2人を残して、あとは全部辞めることになった。ただ、北海道営業所の担当は踏ん張り、「北海道の営業所は残して欲しい。必ず仕事を大きくしますから」と本社に要請。本社を通じて銀行側も、この北海道の担当者の熱意を買って、北海道営業所は残った。結果的に、北海道はこの人の踏ん張りでその後、業績を伸ばし、今日の基準寝具や医療食品の販売で、高いシェアを誇るまでに成長した。

危機に際し、当人が真剣に、懸命に対応していくかどうかで、その後の盛衰《せいすい》が決まる。改めて、安道も経営に士気（モラール）の要素が多いことを、この一件をもって痛感させられたということである。

銀行管理になり、本社も工場も社員の削減、リストラ策が実行されて、会社経営も厳しくなった。どうやって、売上を確保していくかということになり、安道の所属する営業部隊は、京都府や大阪府内の紡績工場など、他社の工場にお願いして、構内で寝具や雑貨類の販売をさせてもらったりした。

「大阪泉州の日紡貝塚（大日本紡績株式会社貝塚工場）などの紡績工場などには、よく出かけました。会社から泉州までだと、車で2時間以上かかりましたね。あの当時は高速道路もなかったしね。先方の工場の総務にお願いして決めてもらい、店を出すわけです。昼休み時を狙って出店するんです」

紡績工場だけではなくて、タクシー会社にも店を出させてもらった。タクシー会社だと、運転手さんが仕事を終えて、夜中に事務所へ帰社する時間帯に出店するという具合。

「販売する商品は繊維、衣料関係が多かったですね。下着からワイシャツ類、それからベッドも売りました。あの当時、フランスベッドも登場してきましてね。マットレスや布団など寝具類も多く売りました」

昭和31年頃、製綿製品倉庫の棟上げ後の集合写真

当時、石油化学も勃興期で、合成樹脂のウレタンなどはソフトで弾力性があり、寝具類に使われ始め、人気を集めていた。

会社は、厚生省から病院向けの『基準寝具』事業が１９６２年（昭和37年）に認可されてから、そちらに重点志向していくのだが、１９５９年（昭和34年）に銀行管理に入ってから『基準寝具』を本格展開するまでの約３年間、こうした出張販売等で糊口をしのいでいったのである。

○『基準寝具』の事業が日本で認可された理由

前述したように、清次は『基準寝具』に本格参入する。なぜ、清次は自分たちの将来を、『基準寝具』に賭けようとしたのか？

当時の状況を再現すると――。「入院するときは、病院が寝具を用意しているか、もしくは患者さんが持ってこないといけない。その頃はほとんど患者さんが持参してきていたんです。だから、入院するときは負担も大変でした。ナベ釜や布団まで自分で用意しなくてはいけない。布団にしろ、ふだん使っているのよりはということで、新しい布団を買って持っていくわけでしょう」

安道は当時、入院するときの状況をこう振り返る。食事も自炊で、患者はナベ釜を持って入院していた。病院側の対応も大変だった。入院中の衣類を患者も洗濯しなければならず、病院も洗濯機と洗濯する場所を用意しなければならなかった。大きい病院なら財政的にも余裕があるが、小規模の病院ではその負担がバカにならなかった。「1000ベッドを擁する大病院ならともかく、小さな病院、20ベッド数ぐらいの病院でも、患者さんのために部屋をつぶし、洗濯機を入れて整備しなければならないというのは大変な経営問題でした」

海外では、こうした寝具類の扱いは、すでに外注に回すという仕組みが取り入れられていた。日本は、こうした仕事を院外に出してはいけない――という決まりだった。

しかし、患者負担や病院側の財政負担を考慮して、厚生省は海外視察を取り入れながら対応策を取り始め、「日本でも外注方式でやってみよう」ということになった。

その際、厚生省の『基準寝具』に例外的措置で外注方式を採用することにした。例外的措置という点は、日本らしい決着の仕方に思えるが、この『基準寝具』の登場で市場競争は激しくなり、その中を『綿久』は勝ち抜いていくのである。

第3節

働きながら定時制高校、そして大学へ進学

自分がやるべき物事を決めたら、そこへ向かって努力、精進していく――。伸びている社員についても、「やはり積極的な人、前向きな人ですね」という安道光二の認識。若い社員には、「一に辛抱、二に辛抱、三、四がなくて、五に辛抱」と努力目標に向かって進むことの大切さを安道は説く。安道自らは若い時分、働きながら定時制高校に通い、そして立命館大学に進んだ。入社して62年余が経ち、社長を経て現在会長を務める安道は来し方を振り返りながら、「人と人とのつながり、縁が大事」とも語る。入社時の村田清次社長は、安道が通学しやすいように、「会社の仕事は午後3時まででいい」と支援。経営の「基本方針」に「感謝の気持ち」と「謙虚な姿勢」と謳う原点の1つにこの体験がある。

◯京都市立洛陽高校の定時制に通学

「働きながら、定時制高校に通いたいと思っています」と安道は入社時に会社に申し出た。１９５７年（昭和32年）春のこと。清次はこれを快く了承してくれた。入学したのは、京都市立洛陽高校の電気科（洛陽高校はその後、洛陽工業高校となり、２０１６年＝平成28年に伏見工業高校と統合し、京都工学院高校となった）。

仕事と学業の両立は口で言うほど簡単ではない。安道の場合、本社のある京都府綴《つづ》喜《き》郡井手町《いでちょう》から通学し、京都市内の洛陽高校の授業開始（午後５時半）に間に合わせるには、会社を午後３時に出なければならなかった。

ＪＲ奈良線の多賀《たが》駅（井手町）から京都駅に着き、そこでＪＲ京都線に乗り換え、大阪方面へ向かって、次の駅の西大路《にしおおじ》駅で下車。そこから洛陽高校へ徒歩で向かうという通学経路で約1時間半を要した。

「当時の奈良線の列車は、1時間か1時間半に1本。午後5時半の授業開始に間に合わせるには、多賀駅を午後３時半に出発する電車を利用するしかなかった」

こうした通学事情を理解してくれた清次は安道に対して、「会社の仕事は午後3時で終えていい」と了承してくれたのである。

そうした会社側の配慮に感謝しながら、安道は高校へ通うのだが、現実に仕事と学業の両立は難しいものがあった。授業が終わるのが午後8時50分。「それで京都駅に来ても、電車が少ないから、午後10時10分まで待たないといけない」という当時の交通事情である。京都発午後10時10分の電車に乗って、井手町の多賀駅に着くのは午後11時15分位。そこから会社の寮までは歩いて10分ほどの距離だが、夕食を摂っていないので空腹をどうおさめるかという切実な問題があった。

会社で昼食を摂った後、午後3時で仕事を終え、学校へ向かう。何とか午後5時半の授業開始に間に合わせ、午後8時50分に授業が終了するや帰路に就き、会社の寮に帰るのは夜の午後11時30分頃である。この間、食事をしていないので、腹が減ってたまらない。15~16歳の若い時分、この空腹には耐えがたいものがあった。

「最初は、帰ってきてから寮の食堂で夜食を摂っていたんです。寮の方で、わたしの分を残しておいてくれていた。それが数日経つと、誰かに食べられて無くなっている。帰ってきても、わたしの御飯がない。汁も飯も何もないという状況。それには困りました」

寮にいる他の者も、若くて食べ盛りの頃。夕食を摂った後、夜9時、10時ともなると、腹がすくのか、誰かが安道の分を失敬《しっけい》していたのである。それで寮の友人に頼み、ご飯とおかずを乗せた膳をどこか分からない場所に置いてもらうことにした。それも2、3日経つと、食べられてしまっている。

「置く場所を変えても、探し出して食べてしまうんですね。打つ手がなくなって……」

それで、どうしたのか？

「もう腹が減ってたまらないですよ。だから、コップにしょう油を入れて飲むんですが、寝られない。お昼に食べてから何も食べていないからね。お金があれば、学校の食堂で何か買いますよ。でも、お金がない。だから、夜の11時まで何にも食べないと。それで帰って寮で食べようと思ったら、わたしの分がないと。それはもう腹が立って」

腹が減ってどうしようもないから、しょう油を入れて水を飲む。次の日はソースとやったが、腹の虫はおさまらない。腹が立つから、使ったコップを食堂の前の防火用水に〝バシャーン〟と毎晩投げたという。「食堂の親父さんが、この頃、コップが減っているとこぼしていましたが、それはそうで、わたしが毎晩割っているんですから

（笑）」という余談まである。

窮した安道は清次社長本宅に向かい、相談した。会社事務所と本宅、それに寮は同じ敷地内にあり、共に身近な存在。社長夫人のヱミ子に「実は毎晩、毎晩こんな状態でして、たまりません」と安道は率直に打ち明けてみた。

本社倉庫前にて、若かりし頃の安道会長（左から２番目）

「奥さんは、そんなこと早く言ったらいいのにと。学校から帰ってきたら、うちに来て食べたらいいと言ってくださって。それから学校へ持っていく弁当もつくるからと」
ヱミ子夫人からは、温かい言葉が返ってきて、安道の心も温まった。「わたしが何で本宅へ行ったのかというと、入社したときに、みんなに社長が奥さんと2人でご挨拶をされたんです。『これからはわたしをお母さん、社長をお父さんと思いなさい』と。こういう挨拶をされていたのを思い出したんです。その言葉を聞いていなかったら、本宅へ行きませんよ、厚かましい話でね。そうでなかったら、１人の工員が社長の家に行って、そんな事は言えませんものね」

京都南郊の綴喜郡井手町の綿久製綿（ワタキューセイモアの前身）で、社長夫婦と若い社員の間でのやり取り。経営者は社員のことを思い、社員も遠く故郷を離れて京都の地で懸命に生きようとしていた。

◯辛抱することの大事さを学ぶ

夜の食事をどうするかという問題は、これで一段落した。

「昼は、会社の食堂で食べますからね。そして、奥さんに夕方の弁当をつくってもらう。それを学校へ行っていただく。さらに学校から帰ってきて、本宅へ行くと夜食があるわけだから、もう食事問題は解決。それはうれしかったですよ」

郷里・島根を出て、見知らぬ京都府綴喜郡井手町での生活。このとき、安道は16歳。働きながら定時制高校に通う日々。社長夫人の支援に報いるためにもと、仕事に励みながら、真面目に学校に通った。辛抱することの大事さも、このとき学んだ。

「入社してすぐ辞める者もいました。製綿の仕事は厳しいですからね。（入社3年目に）会社が倒産しかけたときにも、辞めていった人たちもいた。一方、残った人もいましたよ。残った人は3、4人いました。その人たちは後々、副社長とか常務とかになっていきましたね」

一方で、そういう安道に同僚や先輩たちから、いろいろな言葉がかけられた。「夜間の学校なんか行ったって仕方がない。学校扱いもされないし、何もプラスにならない」とか、「しんどい思いをして行くより、遊んでいた方がいい」――といった声である。厳しさに耐えかねて、学校を退学する者も少なからずいた。定時制高校2年時の夏休みが過ぎると、生徒数は半分位に減るという現実。

「1年生のときは純粋で頑張るのだけど、2年生になると、いろいろな誘惑があり、酒を飲むことを覚えたりして、夏休みが済むとガタッと減りましたね」

そういう状況にあって、当時、安道はどう考えていたのか？

「わたしは、せっかく高校へ通うようになったのだから、何としても卒業しようと」

安道は定時制4年を修了し、1年あけて、立命館大学に進学した。「大学は昼間に進もうと考えましたが、仕事の都合もあり、また学費のこともあり」ということで、現実的選択として、立命館大学経済学部の二部に入学したのである。

それにしても、働きながら学校に通うのは大変なこと。肉体的にも疲れて、授業中は眠くなかったのか？

「本当に、高校のときは眠かった。大学は案外、楽でしたよ。あまり出席も取らないでしょう（笑）」という安道の答え。高校４年間と大学４年間の計８年間、夜間に通い続けた。

「おかげで夜が強くなりました。８年間通ったんですからね」と安道は言う。

○「人に恵まれ、友人にも恵まれた」

大学は、会社の製品の配送をしながら通うことができた。配送は２人１組で行い、立命館大学への通学は、一緒に配送する同僚の支援・協力が得られた。

安道が通う立命館大学の経済学部二部の当時のキャンパスは京都市上京区中御霊町《なかごりょうちょう》（広小路《ひろこうじ》）。一緒の車で配送に出た同僚が立命館の広小路キャンパスまで送ってくれた。講義が終わった後の帰りは、電車で井手町の下宿に戻るという生活パターン。大学に通う時期、安道はその同僚と下宿を同じにし、２人で同じ部屋に住んでいた。

会社の同僚は、安道を立命館大学まで送り届けた後、１人で帰社し、翌日配送する荷物を積んで、明日の仕事に備えてくれる。そして、翌朝、一緒に車に乗り込んで仕事に出かけるという日課。午前中の配送時間中は、その同僚が運転席に座り、安道は助手席で寝ている。連日、大学の夜間の講義を受けているので、帰りは午後12時近くになる。それで、安道は午前中を仮眠タイムにしてきたということ。逆に、午後の配送は安道が運転席に座って行い、今度は同僚が助手席に座って休む算段。

青春期をこうやって過ごし、綿久製綿時代に経営危機に遭った時代も体験、さらに病院寝具や病院給食へと会社が事業転換をして行く中で、安道は営業所長、支店長、そして取締役となり、経営者としての道を歩いてきた。

入社してから60年余の道のりを振り返り、安道は、「人にも、友だちにも非常に恵まれました」と述懐する。

○人生の転機に際して大事なこと

人生には転機がある。安道の場合、高校を卒業するときに『人生の選択』で少し悩んだことがあった。

安道は、１９６０年（昭和35年）春に高校を卒業。その頃は〝鍋底不況〟（１９５７年＝昭和32年７月─１９５８年＝昭和33年６月）が終わり、景気も上向き始めていた。さらに１９６０年（昭和35年）７月には、池田勇人内閣が発足し、所得倍増計画を発表。世相にも明るい兆しが見え始めていたものの、綿久製綿は経営不振が続いており、このまま綿久製綿に残るべきか、安道は悩んでいた。

そのようなときに、立石電機（現オムロン、本社＝京都）が社員の募集を行っており、安道も電気科で学んだということで応募した。履歴書には「家事手伝い」と書いて、受験すると、みごと合格。立石電機からは、「すぐ出社してくれ」との催促の連絡が来た。正直なところ、安道も一瞬、逡巡《しゅんじゅん》したが、「やはり、今お世話になっている綿久に背を向けられない」として、立石電機には辞退を申し入れた。

綿久製綿への入社が大きな転機となった（後列右が安道会長）

人には人との出会いがある。その人との出会いを大事にする。そして努力。努力を積み重ねる中で、運もついて来るという循環。

今、転職が当たり前とされる時代。ＡＩ（人工知能）やＩｏＴなどの最先端テクノロジーの登場で産業構造変革がいわれ、雇用も変化のときを迎えているのは事実。しかし、そう固定的に物事を捉えるのではなく、自分のやりたい仕事、やるべき仕事を見つけたら、それを懸命に追い求めていくことも大切。安道の生きてきた道のりを見ると、その感を強くする。

第4節

第二の創業へ決断――病院基準寝具への参入

時代の変化に、いかに対応していくか――。製綿業から病院基準寝具に経営の主軸を切り換えたのは1962年（昭和37年）のこと。政府は医療保険制度改革を進め、入院患者への衛生的な寝具類の提供なども健康保険の対象として医療費で支払う病院基準寝具制度を開始。当時の社長で『綿久』3代目の村田清次はこの未開拓市場の有望性に着目し、病院基準寝具の事業に乗り出す。そして綿久寝具（現ワタキューセイモア）を設立。明治5年（1872年）以来続く製綿業から、新しい事業への転換で、『第二の創業』といえる決断であった。清次の打つ手は早かった。北海道から九州まで次々と事業拠点を構築。当時20代の安道光二も東京、仙台の市場開拓を命ぜられて……。

○病院基準寝具参入の背景

戦後復興期を経て、昭和30年代の高度成長期に入ってくると、国民の健康を守る諸制度づくりが進められた。１９５８年（昭和33年）６月、厚生省（現厚生労働省）は国民健康保険などの医療保険制度改革の一環として、病院寝具設備の基準を設けた。

前述のように、患者の入院時には、寝具類は病院が用意しておくか、もしくは患者自身が持参するかのどちらか。大半は患者が持参していたので、入院するときは、その負担も大変だった。

「当時、鍋釜布団を持っての入院と言われたものですよ。食事も自炊でやらなければいけないし、布団も古くては見栄えもよくないというので、新しいものを買わなければいけないということで、負担が大変でした」と、その頃の事情を安道はこう語る。

患者を受け入れる病院側もシーツや包布《ほうふ》、枕カバーなどを洗う洗濯工場を設置しないといけない。小規模の病院となると、その設置負担も重く、病院経営にも響いてくる。

欧米など海外では寝具類の洗濯を業者が手がけている。要するに、病院側はそのような作業を院外に外注（アウトソーシング）している。日本では当初、寝具類の洗濯を院外に出してはいけないという決まりであった。しかし、現に患者にとっても、病院にとっても、そのための経済的負担が重く、海外での事例も参考にしたらどうか、という声も上がり始めた。

厚生省は海外事情も視察した上で、衛生面に配慮し、消毒なども徹底するという条件付きで法律の例外的措置ということで、病院基準寝具の洗濯の外部委託を許可したのである。実際、外部委託が許可されると、ほとんど全部が外注になっていった。それぐらい、病院も、そして患者サイドも寝具類の扱いに困っていたということである。

布団綿などの製綿業を営んでいた綿久製綿は鍋底不況（１９５７年＝昭和32年７月―１９５８年＝昭和33年６月）や原綿市況の暴落などを背景に厳しい状況に追い込まれていた。そして、１９５９年（昭和34年）２月、銀行管理になった。主力銀行の管理下で再建を目指すことになったのである。安道が入社して２年近くが経ったときのことだ。銀行からリストラを求められ、本社工場の社員も半分減らすなどの合理化策を取らざるを得なかった。

この間、何とか売上を立てなければということで、大阪の繊維問屋からのワイシャツや下着類、それにマットレスや布団、そしてベッドなど寝具類を仕入れ、それを京都府や大阪府下の紡績工場などにお願いして、販売させてもらったりもした。

雌伏《しふく》のときを過ごしながら、この時の清次は新しい収益源とする事業を模索しており、病院基準寝具に着目したのである。そして1962年（昭和37年）に、本格的に病院基準寝具事業に参入しようと決意し、綿久寝具を設立。

このときの決断が今日のワタキューグループ構築の第一歩となった。1872年（明治5年）の創業以来、150年近い時の刻みの中で、このときが『第二の創業』となった。

○資金調達に苦労

しかし、『綿久寝具』を設立したといっても、厳しい環境下での船出となった。当時、綿久は、銀行管理下にあり、資金的に苦しい状況。銀行からの借り入れで息を継いでいるときに、さらに資金が必要ということで、主力銀行もいい顔をしない。実際、基準寝具を手がけるとすると、多額の資金の手当てをしなければならなかった。

この基準寝具に関わるのは、病院と入院患者、そして綿久寝具のような事業者の３者。病院と患者にとって負担が少なくて済むようにと、この頃、リースという資金調達方法が登場しており、このリース方式を綿久寝具も採用して参入した。

例えていえば、1万円で仕入れた寝具類を30円でリース、つまり、30円を貸し付けるわけで、病院との間で契約が拡大すればするほど、事業の原資の借入金もどんどん増えていくことになる。しかし、資金の貸し手である銀行側は、既存事業での融資返済がまだ終わっていないのに、新たな融資申し入れなど、とんでもないという態度。

そこで諦めないのが清次の意志の強さであり、真骨頂。地元の経済人が参加するロータリークラブに清次も加入しており、その席で銀行頭取に、「融資の件、よろしくお願い申し上げます」と頼み込んだのである。

◯ロータリークラブで直接、頭取に融資を懇請

ロータリークラブは毎週1回、昼時の1時間、講師を呼んでの講話と懇談を兼ねて

の昼食を共にするもの。その地域の有力者や有識者の交流の場である。

普段のやり方で銀行を訪ね、担当の窓口を通じて銀行役員の決済を経て融資をしてもらうという手法では、このときハードルが高かった。事実、担当の銀行専務からは、駄目出しをされ続けていた。

確かにハードルは高いが、それを何としてでも乗り越えねば、病院基準寝具の市場に辿り着けないという思いが清次にはあった。だから、あえてロータリークラブという懇親の場で、主力銀行の銀行頭取に直接、融資方を願い出たのである。

清次は必死の思いで、頭取に頭を何度も何度も下げながら、「基準寝具は将来性のある市場です。その寝具をやりますから、融資をお願いします」と頼み込んだ。頭取は清次の懸命な懇請に気押されてか、「分かった、綿久さん。担当に言っておくので、後で銀行にきて話をしてください」と返事をしてくれた。

ロータリークラブの会合の場に融資の話は似合わないし、頭取も場の雰囲気を気にしてか、「後で銀行で話を」とそこまで言ってくれたのだ。

清次は早速、銀行へ駆けつけ、担当の専務のところへ赴《おもむ》いた。会った途端、その専務からは罵声《ばせい》を浴びせられた。

「なんで、頭取のところへ行ったんだ！　しかもロータリークラブの場でそんな話を」と厳しい口調での叱責《しっせき》の言葉。件《くだん》の専務も自分の頭を通り越して、頭取に直接、話を持ちかけられたというので、怒り心頭《しんとう》に発した気分であったろうと思われる。

相手の立場に立てば怒鳴りたくなるのも分かる。清次は只々、平身低頭《へいしんていとう》しながら、「よろしくお願いします」と頼み込んだ。先方の専務も、「仕様がないな」と言いながら、必要資金を貸し付けてくれたのである。清次の粘り勝ちであった。

○銀行が引き上げた後、商社金融に活路を

どんな事業もスタート当初は厳しいもの。融資が先行し、売上の中から債務分を回収し、利益をあげるようになるには時間がかかる。基準寝具も資金負担は重かった。「布団など寝具は一式1万円以上する。それを1日30円で貸すという事業モデル。借金が山ほどあって、新しい事業開始でますます借金が増える。契約自体は取れますよ。病院さんも困っているわけですからね。基準寝具の制度ができて、病院側も助かった面はあるんです。契約は取れるのだけれども、金をかけた割には集金が少ない。1

日30円ですからね」

主力銀行も、もうこれ以上、貸し込んで、万が一、綿久が倒産したら終わりだということで、綿久との取引から手を引くようになった。それは、ロータリークラブでの出来事から1年後のことであった。綿久はある商社の京都支店長と折衝《せっしょう》し、商社金融で事業を続けることにした。

「その商社の京都支店長の決済で事業を当分続けることができたんです。注文はわれわれ営業が頑張って、いっぱい取ってくる。どんどん病院を開拓していますからね。北海道に1人残って頑張っていた人も、本当に踏ん張り、道内の仕事をたくさん取ってきました」

先に会社が実施したリストラ策で社員は減っていたが、残った者が踏ん張った。「会社からはハッパがかかるし、われわれも契約取りに走る。となると、必要な資金を確保するために借金をしなければいけないということで、その商社の京都支店も耐えられなくなったわけです」

そのようなとき、当時、コタツ布団等で取引のあった大手商社を担当していた綿久の営業員・村田士郎《しろう》（後にワタキューセイモア副社長、日清医療食品社長を務めることになる。社長・清次の妹・楢《なら》枝《え》の婿）が商社に「こんな新しい仕事があるのですが……」と病院基準寝具の話をしたところ、大変興味を示してくれ、１９６４年（昭和39年）に、その商社と一緒に仕事をすることになった。

綿久が病院に営業をかけ、契約を取ってくる。その契約書を商社に持ち込めば、その商社が手形を渡す。その手形を銀行で現金に換えるという仕組みだ。この仕組みの中で、今度はその商社が綿久の契約を担保に融資を引き受けることになったのである。

衛生面に配慮した洗濯工場

商社金融の役割を商社が引き受けてくれて、基準寝具の仕事は増えていった。しかし、同時併行で商社からの貸し付け、つまり綿久の借入金も膨張し、１９６５年（昭和40年）頃には約40億円にまで膨らんだ。基準寝具の資金の流れと事業の展開をチェックしようと、商社は関係者を綿久へ派遣してきた。

清次は、社長であって社長ではない状態が続いた。安道の言葉を借りると、社長のイスに1日中座っているだけという厳しい日々。それでも、清次の事業家魂は揺らぐことはなかった。

○揺らぐことのない事業家魂

午後5時になり、商社の関係者が仕事を終え、家路についた後、清次は幹部を自分の席に集めて会議を開き、これからの事業の道筋について話し合ったのである。

「社長主催の会議は、いつも午後5時過ぎからでしたね。商社の関係者がいたらできませんし、それは社長も心中《しんちゅう》は苦しかったと思います」

そうやって、みんなが歯をくいしばって頑張り、借金も少しずつだが、返済できるようになっていった。ピーク時に約40億円あった借入金も1981年（昭和56年）には遂にゼロになる。商社に対し、借入金をほぼ返し終わる頃には、商社から派遣されて来る者も少なくなり、課長クラスが数人駐在する程度になっていった。

こうして経営が軌道に乗っていく中で、安道は1968年（昭和43年）1月に本社から東京支店勤務を命ぜられた。その前年（１９６７年＝昭和42年）に埼玉県越谷《こしがや》市に寝具類のクリーニングなどを行う東京工場が完成。首都圏での営業拡大という仕事が待っていた。

ところが、同じ年の10月、今度は「仙台営業所勤務を命ず」との辞令を受ける。たった10カ月の東京支店勤務であった。

慌ただしい辞令の背景に、何があったのか？

第3章

経営危機からの第二の創業

第1節

東京支店での営業体験、最初は契約が取れずに苦労

東京支店勤務を命ず——。1968年（昭和43年）1月、安道光二は東京勤務となった。同社が病院基準寝具の業務に参入して6年後のこと。安道にとっては、初めての病院回りの営業業務である。ここでは、足が棒になるぐらいに歩くが、最初は契約が取れずじまい。そのうち大病院を相手に基準寝具の契約が取れたときは、「非常に嬉しかった」と、その時の感激は今でも忘れられないと言う。東京支店での生活に慣れたと思ったら、その年の10月、今度は仙台営業所勤務を命ぜられた。宮城、山形、福島3県をカバーする仕事だったが、関西とは言葉、文化・風土が違い、当初は戸惑いも覚えた。しかし、融け込むと、「信頼していただき、長く取引をしてもらうようになって」と安道は述懐する。

○1968年、東京支店で営業の仕事をスタート

1962年（昭和37年）5月、綿久製綿は病院基準寝具の受託業者となり、7月に綿久寝具（現ワタキューセイモア）を設立。この後、基準寝具の仕事を急拡大させていく。増資を行った1964年（昭和39年）といえば、第1回東京五輪が開催された年。日本も高度成長を遂げているときで、同社もこの年の5月、北海道で寝具を洗濯する工場を網走、釧路、旭川、函館に建設。南は佐賀県に営業所を開設した。6月には埼玉県草加《そうか》市へ進出、東京一円に基準寝具の営業をかけ始めていた。

1967年（昭和42年）5月には埼玉県越谷市に東京工場を建設、8月には東北支店・仙台工場を建設という具合に、全国規模で拠点づくりが進んだ。このような拡大・成長を進めていた時期の1968年（昭和43年）1月、安道光二は東京支店行きを命ぜられた。東京支店は埼玉・越谷に東京工場が建設されており、そこに隣接して開設されていた。

同年1月8日、村田清次社長に、「本社から来た安道君です。よろしく」と、みん

なに紹介してもらった。翌日、安道が張り切って出社すると、営業のスタッフは次々と自分の席を立って仕事に出かけていく。誰一人、安道をかまう者がいない。まるで「ほったらかし」の状態である。

その中の1人に京都本社の寮で一緒だった後輩がいたので「君、どこか案内してくれないか」と声をかけると「いや、僕も忙しいんで」という返事。それでも彼は東京駅まで安道を連れて行き、「ここで待っていてください」と言って、その場を離れた。しばらくすると、東京案内の地図を手にして「安道さん、これを見て病院を回ってください」と言って「僕は用事がありますので」と言って、スッと姿を消した。

安道からすれば、まるでキツネにつままれた感じ。東京支店の上司からは、何の指示もなく、同僚からは「勝手に回れ」という話。何とも荒っぽいというか、戸惑いを覚える営業初日だった。

「最初だから、どこか連れて行ってくれると思ったら甘い甘い。仕方ないから東京の地図を広げて自分で考えて回ることにしました」

東京支店があるのは埼玉県東部の越谷市。一番近いのは東京都足立区で、遠いのは大田区だが、まず南の方から攻めようと思い、蒲田地区（大田区）を最初の仕事にした。「蒲田を手始めに、大田区全部を回り、東京都全部を回り切ろうと心に決めたんです」。東京都全体を回り切ろうという壮大な計画。それを完遂するために、まず蒲田地区をシラミつぶしに完璧に回ることにした。

「毎日、蒲田へ行きましたよ。蒲田の駅からトットットと歩いて病院の仕事をしていると、それまで目に付かなかったんですが、電信柱にいっぱい病院の広告が貼りつけてありました」

具体的にどう攻めたのか？

「大きな病院も後で契約したんですが、最初、大きな所は少しビビッたというか、小さい診療所、医院から入っていきました。ここを見つけては、次にあそこの病院といった具合ですね。当時は車も無くて、歩いての営業で靴の底はどんどんスリ減っていきましたね」と安道は述懐する。

○医院の受付では、ほとんど門前払いに

東京中の医院、診療所を1日何十軒と訪問。しかし、ほとんどで門前払いを食らっ

てばかりだった。受付に名刺を出して訪問の趣旨を告げるのだが、「間に合っています」という返事。医院の受付の女性にそう言われると、そこで話は終わってしまう。

この繰り返しが続き、いくら歩き回っても成果が現れない。そこで会社の先輩にグチをこぼしていると、「事務所に直接トントンと入っていったらいい」という助言をもらえた。受付は患者の応対で追われており、「寝具は間に合っています」となってしまうということ。

それで病院回りでは事務室に向かい、ドアをコンコンとノックして入ると、事務員が応対してくれる。そこでも「間に合っています」の返事が多かったが、まともに話を聞いてくれる所もある。「ある事務長さんなどは『まあ座りなさい』と言って、お茶まで出してくれましてね。うれしかったですね」。

そこで安道は早速、寝具の話を切り出すのだが、「実は別の業者さんと契約してるんだ」という返事。大田区中を1カ月歩きっぱなしで全く契約が取れなかった。しかし、何回も何回も訪問していくと、互いに気心がしれた関係になる。

中には、寝具類の扱いを外注に出さずに自分たちでやっている病院もあったが、「この病院も外注していないので、紹介するから訪ねてみたらどうか」と言ってくれる事

リニューアルした後の旧東京支店

務長も出てきた。事務長同士が知り合いで、紹介してもらった所へ出かけると、見事契約が取れたのである。

「そこは南多摩地区で数百のベッド数を抱える大病院でした。半分は自分たちのベッドや寝具類でまかなっていて、半分は外部に発注していると。それで、わたしどもにも注文を出したいということで、新しい寝具を入れさせてもらったんです。それが、わたしの受注第1号になりましてね」と安道。

東京支店へ来て、5カ月目ぐらいのとき。「それはうれしかった。それまで誰にも相手にされずに来たのですからね。紹介してくれた事務長さんのお陰でね。人の縁と、そのありがたさをつくづく感じさせられたものです」

○開業予定の勤務医を訪ねて、次々と成約

1960年代は日本の高度成長期。1968年（昭和43年）には日本経済はドイツを抜いて、自由世界で米国に次ぐ第2位の経済大国にのし上がった。翌1969年（昭和44年）には東名高速道路が全線開通となり、日本も本格的なモータリゼーションを迎えたし、1970年（昭和45年）には大阪で日本万国博覧会が開催予定となるなど、国際経済での日本の存在感も大きくなりつつあった。

医療の世界も充実し始め、この頃は病院が次々と建てられていった。「当時、東京都内だけで、毎月10カ所で病院が建っていましたよ」というほどの病院建設ラッシュ。勤務医の中にも、自分の病院を持ちたいという医師もいた。多摩地区の件《くだん》の事務長は、そうした開業情報に精通していて、安道に「あの病院のあの先生は開業するらしいよ」と教えてくれたりした。

当時、毎月10件の開業があるとして、件の事務長は3件ぐらいは掌握していたから、相当な情報通である。この情報を元に、当の勤務医を訪問すると、「あなた、どうし

て知っているの？」と、相手からはびっくりされたそうだが、「仕事柄、知りましてお訪ねしました」と答えて、要件を切り出した。

先手必勝――。その勤務医もまだ病院を建てる前の計画段階だから、寝具類のことまで準備が整っていない。そこへ安道が訪ねてきたものだから、病院基準寝具のことをあれこれ訊《たず》ねたりする段取りになる。

その勤務医のもとを何回か訪ねて話し込んでいくと、互いに信頼感も増していく。そうやって、基準寝具の契約を取っていった。「人の縁というものは本当にありがたいものです。その多摩地区の病院の事務長さんをはじめ、本当に親切にしていただきました」。人の縁、人と人のつながりが広がるにつれ、事業も広がっていく。

安道が後年、社長になってワタキューグループの「基本方針」を決める際、『私達は創業時の原点にたち還り』と謳い、

『・お客様には仕事をさせて頂いている
・仕入れ先には売って頂いている
・協力企業の方々には仕事をして頂いている
・会社のみなさんには働いて頂いている』

という「感謝の気持ち」と「謙虚な姿勢」で何事にも接しよう――と全社員に呼びかけている原点には、若き日に営業畑でお世話になった人たちへの感謝があるからだ。

営業で回り始めた頃は、大きな病院の前に立つと、緊張して「少しビビった」という安道も、この頃は営業担当者として鍛えられ、営業にも自信を持つことができ、仕事が面白くなっていた。足を使って都内をくまなく歩き、中にはピシャリと戸を閉ざされるケースも体験しながら、相手と粘り強く丁寧に交渉していくことで契約をもらえるようになってきていった。

1968年(昭和43年)の10月までに、安道は合計で約800ベッド分の寝具類の契約を取っていた。「800ベッドのうち、大口の病院もあれば、30や50といったベッド数の所もありますからね。大きな病院から小さな診療所までいろいろな経験をすることができました。お陰様で、いくらか自信がつくようになりました」と安道は若き日の出来事に思いを馳《は》せる。

◯仙台営業所行きを突然命ぜられる

東京支店に来て９カ月が経ち、営業にも慣れて自信もついてきた１９６８年（昭和43年）10月に、突然異動の話が舞い込んだ。今度は「仙台営業所の所長を命ず」である。

当時の仙台営業所長は仕事のできる人だったが、独立して兄と一緒に病院向けの花屋を開業したいということで退職。安道の先輩がその後任に就いたのだが、「とても自分には務まらない」と、その職を辞して東京に帰ってきてしまっていた。困った京都の本社は、後任を誰にするかで鳩首《きゅうしゅ》会議を開き、そこで白羽の矢が立ったのが安道であった。京都本社の会議から帰ってきた東京支店長が、「君は仙台へ行くことになった」と安道に告げたのである。

１９６８年（昭和43年）10月、安道の仙台営業所行きは非常に慌ただしかった。９カ月も営業で病院を回り、取引先に通っていれば、お客様との人間関係もでき、まさにこれからというところでの異動命令。後任に引き継ぐ時間も作れないまま、仙台に向かうこととなったのだった。「ええ、仙台に転勤するときも慌ただしくてね。後任の人に引き継ぎができなくて。だから、全部手紙を書いてね。ここの病院は誰々さんに会って、こうしたらいいと、全部要件を書いて伝えたんです」

このような慌ただしい中で、安道は所長として仙台営業所に赴任することになった。仙台営業所の所在地は宮城県宮城郡宮城町（現仙台市青葉区）で、国鉄（ＪＲ東日本）の東北本線仙台駅から西方へ、車で30分かかる郊外にあった。

安道の寝起きの場所は、仙台工場に隣接している事務所の中の休憩部屋みたいな３畳間であった。安道は、ここから東北３県（宮城・山形・福島）の市場開拓をスタートしたのだった。

ただ、「仙台はわたしの故郷です」と言うほど、安道の仙台への思い入れは深い。安道は島根県で15歳まで過ごし、綿久に入社後、京都本社で働きながら高校・大学を卒業。27歳の時に東京支店で９カ月を過ごしてきた。

仙台には28歳直前でやってきて、結果的に30余年の間、仙台の地に腰を据え過ごすことになった。当時加入した仙台のライオンズクラブには今も籍を置いており、現地の経済人との交流が続いている。

第2節

「仙台は故郷です」――。東北での市場開拓に奔走

「仙台へ行ってくれ」――。１９６８年（昭和43年）１月に東京支店に配属されたばかりの安道光二はその年の10月、今度は仙台営業所へ所長としての赴任を命ぜられた。東京での仕事は10カ月間しかなく、何とも慌ただしい転勤命令。前任の所長が都合でその座を離れ、急遽、安道に着任の命令。担当範囲は宮城、山形、福島の３県。京都本社にいて関西弁に慣れた安道にとって、言葉や風土の環境変化の中で苦労しながら市場を開拓。それから、仙台を拠点にした生活が続く。１９９７年（平成９年）、安道は社長に就任するが、その後も家族ともども仙台に居を構えて、都合36年間に及ぶ仙台生活。「仙台はもう故郷ですよ」と言うほど、東北との縁も深くなった。

○東京支店で10カ月勤務の後、仙台営業所へ

「仙台はもう故郷ですよ」――。安道が生まれたのは島根県大田《おおだ》市鳥井《とりい》。1941年（昭和16年）の出生時の地名は安濃《あの》郡鳥井村で日本海に面した海岸部。小、中学生のとき、海にもぐり、アワビやサザエ獲りや魚突きをしたりした思い出もある。その地にいたのは15歳まで。あとは「綿久」（現ワタキューセイモア）に入り、働きながら高校、大学に通って卒業した。

そして1968年（昭和43年）1月、東京支店に配属となり、首都圏での病院基準寝具の営業を担当。たった10カ月間の勤務だったが、23区、そして多摩地区をくまなく足で回り、大きな病院での受注を次々と取れるようになり、仕事が面白くなり始めたとき、突然、「仙台」への転勤を命ぜられた。

当時は高度経済成長の真っ只中。国民皆保険制度がスタート（1961年＝昭和36年）して数年が経ち、都内にも新しい病院が次々と開設されていた時期。

さあ、これからもっと注文を取るぞと意気込んでいた矢先の唐突な転勤命令。「な

ぜですか」と訊《たず》ねる安道に、支店長からは「とにかく行け」という返事。この支店長は、それから間もなく安道が結婚するときの仲人《なこうど》を務める上司。公私ともどもお世話になっている人から、そう言われれば受けざるを得ない。

「本社の会議に出て帰ってきた支店長が1週間後にはもう仙台に行ってくれと。仕事を引き継ぐヒマもなかった」

送別会も無しで、身一つをもっての仙台への赴任で、「上野駅での見送りは1人だけでした」と安道は語る。仙台に出発するまでに、引き継ぐ相手も決まっていなかったので、安道は仙台に着任してから手紙で連絡することにした。

「自分としてはその頃、病院回りの営業に自信がついていたし、ここの病院は誰々さんに会って、こういうふうに働きかけたらいいという手紙を後で書きましてね」と安道も当時の慌ただしい仕事の様子について振り返る。

仙台に営業所が開設されたのは1966年(昭和41年)10月。同じ10月には八戸(青森県)に営業所と工場を開設。翌1967年(昭和42年)2月、仙台工場建設に取りかかり、8月に工場が竣工《しゅんこう》。仙台営業所は宮城、山形、福島3県を担当し、市場開拓のため積極的に打って出ようという時期であった。

「仙台で最初にお得意先を開拓してくれたのは、わたしの後輩で京都本社の寮で一緒だった者でした。よく仕事をやってくれたんですが、実兄と病院内の花屋をやろうということで、会社を辞めて独立してしまったんです。できる人物でしたけどね」

その後任に安道より年配の人が配属となったのだが、「あんな山の中で仕事はできない」と引きあげてしまった。すぐ手を打たなければ仙台の仕事に穴があくというので、本社での営業会議で、当時26歳の安道に白羽の矢が立ち、仙台営業所長を命ぜられたのだった。

○仙台営業所で新たなスタート

安道が仙台営業所に着任した時期（１９６８年＝昭和43年）は〝いざなぎ景気〟の真っ只中。前回の東京五輪（１９６４年＝昭和39年）が終わって、一旦景気は後退するが、また盛り上がり、１９６５年（昭和40年）11月から１９７０年（昭和45年）７月までの57カ月間の好景気が続く。

日本は敗戦から19年で東京五輪開催を果たし、23年で世界第2位の経済大国になった。人口も１９６６年（昭和41年）に１億人を突破。日本全体が昇り調子で活力がみなぎっていた。実際、みんながよく働き、明日は今日よりよくなると懸命に働いた。

安道が着任した当時の仙台営業所は、社員20人の小世帯。そのうちの６人ほどが営業所敷地内の寮で生活していたが、安道は工場と隣り合わせの事務所の中の休憩部屋で寝泊まりした。畳３畳ほどの狭い部屋。ここから安道の東北での生活はスタートした。当初はこの仙台営業所から宮城、山形、福島の３県を担当していた。

安道が仙台へ赴任して間もなく、退任した八戸の営業所長の後任を誰にするかという課題が発生。後任がなかなか見つからず、結局、安道が八戸の所長を兼任することになった。こうして、安道は仙台営業所に所長として赴任してから３年後に東北支店長に就任し、青森、岩手、秋田を含む東北６県全てを担当する立場になったのである。

現在の東北支店はこの仙台営業所が開設された地にある。当時の住所表記は「宮城県宮城郡宮城町。「宮城」が３つ付いた所で、現在の仙台市青葉区である。ＪＲ仙台駅前から、西の山間部へ向かって山形方向へ車で30分近く走った所にある。今でこそ住宅開発で開けてきたが、当時は寂しい所。「熊も出る」と言われており、安道は赴任して間もなく地元の猟友会に参加。実際、熊が民家の近くに出没し、その駆除に加わるということも体験している。

○その地域の言葉や文化風土に溶け込むことから

安道が東北で市場開拓を開始した当初は苦労した。病院寝具の業務に強い地元業者がいて、なかなか入りこめない。さらに、言葉の違いや生活習俗、文化風土の違いもあって、「関西人は嫌い、人を騙《だま》すからな」という言い方もされた。

例えば、京都の風土を説明するときによく使われるのが、よそ様の家を訪ねた際、『お茶漬けでもおあがり』といわれて、その通りすると、気の利かない田舎者と受けとられるという小話。「お茶漬け……」と言われたら「いえ、ちょっと用がありますので」といって、おいとまするのが京都での日常のやり取りだそうだ。

しかし、東北でお茶や漬物を出された際に、京都方式で対応していると、逆に水くさいと思われて嫌がられる。素直にお茶や漬物をいただいて歓談していくうちに、すっかり溶け込む間柄になるのが東北の風土である。

「言葉でも最初は苦労しましたね。相手が何を言ってるのか分からなかった。営業の担当者と訪ねていき、その担当者が笑うと、わたしも調子を合わせて笑うとかね（笑）。相手がお年寄りだと、なお一層分からなくてね」

歴史的な出来事や事件についての受けとめ方が地域によって違うことを知った。例えば、江戸中期の１７０３年（元禄15年）、赤穂浪士《あこうろうし》の吉良邸《きらてい》への討ち入り。歌舞伎や映画では赤穂浪士が主君の仇討《あだう》ちを果たす相手、吉良上野介《きらこうずけのすけ》は悪役で描かれる。また、一般の人々もそういう見立てで劇や映画を観る。

しかし、「山形・米沢などでは吉良上野介は名君。いい人のように語られ、それが受け継がれています」と安道は語る。米沢の領主・上杉家は戦国武将・上杉謙信につながる名家だが、元禄の米沢藩主・上杉綱憲《つなのり》が吉良家からの養子という関係もあってか、米沢あたりでは吉良上野介の評価は高い（吉良上野介は上杉綱憲の実父）。

青森県の東南部の八戸地域と西部の弘前《ひろさき》を中心とした津軽地域とは、言葉も文化風土も趣《おもむ》きを異にする。これには旧藩以来のライバル意識が少なからず反映しているという見方がある。

八戸は今の岩手県の大半を所領していた南部藩にかつて所属。津軽藩とは戦国時代以来、反目《はんもく》してきたという歴史的背景。明治維新が成り、廃藩置県（１８７１年＝明治4年）となった際、県庁所在地をどこにするかということが大論議となった。結局、八戸と弘前の中間地点である青森に県庁を持ってきて、双方がホコをおさめることで決着したという歴史的経緯があった。

その土地や地域には長い年月の間に積み重ねられた想いや生き方がある。その理解を深めていく中で、安道の東北の地に対する愛着も、より一層深いものになっていった。

安道は1968年（昭和43年）以来、36年間、仙台を拠点にした生活を送ってきた。

綿久寝具東北支店（当時）

地域の経済人の親睦・交流団体であるライオンズクラブには京都を生活の拠点としている現在も所属し、活動を続けている。「仙台は故郷ですよ」と言う安道には万感《ばんかん》の思いがある。「本当に食べ物もおいしいし、人柄もいいですよ、東北の人たちは」と安道はしみじみと述懐。そして、仕事に関連して次のように語る。

「東北全体がそうですが、岩手や青森の人たちは一旦契約したら、ずっと続けてくれます。解約なんかしない。その代わり、相手様のところに常に顔を出し、話を交わし、いい関係を保っておかないといけません」

○にがい体験も……

安道のワタキュー人生は60余年を数える。そのうちの大半は仙台を拠点にした東北での生活。東北は自らを育てあげてくれた場所という思いが安道にはある。

もっとも、にがい体験もある。仙台営業所の所長として赴任して間もなく、元所長が県庁の幹部の接待疑惑で逮捕されるという事件が起きた。その元所長は会社をすでに辞めて安道と交代していたのだが、県議会でも問題追及の声があがって新聞紙面などをにぎわすようになり、「よそ者のワタキューなどはもう帰れ」という声まで出てきた。厳しい状況がしばらく続き、安道もその対応に追われた。

そのような荒波も受けながら、信用と信頼を取り戻していく日々。組織をどう改善、改革していくか。人の配置をどうするかという、いつの時代にも共通する大事な経営課題に安道も取り組み、悩み、そして解決していった。

安道は、仙台へ来てから、月１回、京都本社で開かれる本社会議に出席していた。当時、東京─仙台間は特急『はつかり』で約４時間半。東京から京都までは東海道新幹線で約4時間かかった。仙台―東京―京都を行ったり来たりしながらの東北市場開拓であった。

東京（上野）から仙台へ向かうとき、安道は夜行の東北本線急行『みやぎの』をよく利用した。これだと例えば、午後11時頃に上野駅発の急行『みやぎの』に乗ると、翌朝5時頃に仙台に到着する。そこから仙台での仕事をスタートさせればよく、便利な夜行列車で重宝していた。所要時間は6時間弱だから、今の時代から考えると難行《なんぎょう》に近いが。

個人的には、仙台時代に結婚し、仙台の地に家族ともども根を下す生活が始まる。宝子《たかこ》夫人は、『綿久』3代目で綿久寝具（現ワタキューセイモア）の初代社長・村田清次の長女。安道が『綿久』に入社し、働きながら京都市立洛陽高校（現京都工学院高校）、立命館大学経済学部を卒業していく姿を間近で見てきた。

安道は洛陽高校に通っているとき、夜遅く寮に帰るのだが、授業時間の都合で食事が摂れないのを不憫《ふびん》に思ったヌミ子社長夫人が夜食を用意してくれた。その夜食を摂るとき、そばに居て話し相手をしてくれたのが、清次―ヌミ子夫妻の長女・宝子であった。その2人が結婚。仙台での生活も新しいステージを迎えようとしていた。

第3節

結婚して仙台を拠点に36年間、東北に根を下ろす

東北市場の開拓という使命を担っての仙台生活。言葉も文化・風土も本社のある京都とは違う中での市場開拓。安道光二が仙台営業所へ所長として赴任したのは１９６８年（昭和43年）10月、27歳になる直前のこと。そして、それから1年余経った１９７０年（昭和45年）２月、結婚。以来、安道は仙台の地を拠点にした企業人としての人生、そして家族生活を36年間過ごすことになる。「仙台はもう故郷です」というときの安道の言葉には万感がこもる。取締役就任（１９８３年＝昭和58年）、さらには常務就任も仙台で迎えた。全国規模で事業を展開していくうえで、地域社会との共存共栄をどう図るかに腐心する日々が続く。

○28歳で結婚、仙台の生活に溶け込む

仙台営業所の所在地は現在の宮城県仙台市青葉区。「JR仙台駅から山形方向へ車で約30分。当時は営業所の附近にはレストランもなく、寂しい所だった」。今は住宅が建ち並ぶが、安道が赴任した50年前は緑豊かな地域だった。

夜の食事も毎日、仙台市内に出かけて摂っていた。会食で酒が入るときは代行車を頼む。そのチケットは1年間で100枚を会社から支給されていたが、「その頃はまだ独身で、よく仙台市の中央部へ出かけていたので足りなかった」と安道は当時のことを語る。

宝子《たかこ》夫人と華燭《かしょく》の典《てん》をあげたのは1970年（昭和45年）2月3日の『節分の日』。安道が28歳、宝子夫人は21歳のときであった。安道は綿久（現ワタキューセイモア）に入社して、働きながら京都市立洛陽高校（現京都工学院高校）の定時制、そして立命館大学経済学部を卒業。高校に通っているときは、会社の寮へ帰ってくるのが夜遅くなる。若いから腹が減って寝つけない。見かねた当時の社長夫人（ヱミ子）が夜食

を作ってくれていた。
寮と本社、社長宅は隣接しており、社長宅の一室で、ありがたく夜食を摂っているとき、話し相手になってくれたのが幼い頃の宝子夫人。安道と宝子夫人は７つ違い。当時、宝子夫人は小学校の高学年。宝子夫人の弟で現ワタキューセイモア社長の村田清和《きよかず》も幼少期にあった。

安道が運転免許を取った後、安道はヱミ子夫人に頼まれて、学校が夏休みになると、家族を連れて琵琶湖や愛知県まで遠出し、海水浴を楽しんだりした。昭和30年代初めの綿久製綿時代は家族経営的色彩があり、オーナー・村田家との人間的な絆が強かった。

安道と宝子の間で、いつしか付き合いが始まり、遂に結婚にこぎつけるのだが、紆余曲折もあった。宝子の父・清次からは、結婚の条件として「村田家の養子に入ってくれ」と言われたのだ。しかし、安道は３歳のとき、実父が戦死し、母親の手一つで育てられてきたことなどもあって、「それはできません」と断り続けた。

そういう中で、安道は１９６８年（昭和43年）１月、東京支店への異動を命ぜられる。東海道新幹線が開通して間もない頃で、２人は休日によく会った。「当時、京都

結婚式の際の記念写真

―東京間は新幹線で３時間半かかったと思うんですが、在来の特急や急行と比べると、随分短縮されましたからね」

そうこうしていると、10カ月の東京支店勤務から仙台営業所へ所長として行けという異動が発令された。何とも慌ただしい人事だったが、２人は結婚の意思を固め、１９７０年（昭和45年）２月に結婚式を挙げたのである。

宝子は同志社大学文学部英文学科の学生だったが、それを中退しての結婚であった。

◯人手不足の中で……

安道が仙台に赴任して間もなく、宝子が仕事の応援に来ることになった。まだ同志社大学の学生時代で夏休みのときであった。

その頃、大変な人手不足で、文字通り猫の手も借りたいぐらいの忙しさ。と言うより、仙台営業所も事務所として整備がまだできておらず、東北市場開拓の拠点として、あれこれ思案《しあん》が続いているときであった。「まだ整理整頓もできていないから、本社から専務が実情視察に来て、あれこれ調べていきました」

件《くだん》の専務は本社へ帰り、仙台の実情を清次に報告。その際、大学が夏休みに入ったら、「タカちゃん（宝子）も仙台で手伝ってもらうとありがたいですね」という話をした。当の専務からすると、本当に人の手が欲しいということで何気なくそんな話をしたらしい。その専務は安道と宝子が交際していることは全く知らずに、そんなことを言い出したのである。

結果的に、宝子は夏休みに仙台営業所近くの知り合いの家に寝泊まりし、仙台営業所の仕事を手伝った。その後、2人は結婚に辿り着くのだが、安道は宝子の父・清次の心情に思いを馳《は》せて次のように語る。

「大事な娘を大学に行かせたのに、それを中退して結婚することになってね。それならと、養子に来いという誘いも断られて、踏んだり蹴ったりだと思ったんではないですかね」

清次・ヱミ子夫妻も結局、2人の決意が固いというので、結婚を認めることになった。そういう状況のとき、事情を知らない件《くだん》の専務が宝子の仙台営業所への手伝いを申し入れたという話の流れ。人と人の出会い、人と人の縁の妙《みょう》というものが安道の結婚話にもうかがえる。

安道はこの頃、仙台―東京―京都を毎月1回は往来。全国の支店長や営業所長を集めての本社会議に毎月出席。その際、安道と宝子は顔を合わせていた。その頃、日本は高度成長の道を追い求めていた。その象徴としての東海道新幹線の開通。第1回東京五輪が開催される１９６４年（昭和39年）のことだったが、安道が仙台―東京、そして東京―京都を鉄道で往来できたのも科学技術、新しいテクノロジーの進展があったからである。

２人が出会い、親交を深めていく背景には、こうした社会インフラの発達があった。

◯人と人の縁を大事にして

結婚は人の一生を左右する大事なもの。清次は2人に付き合いがあることを知らされて安道に養子縁組の話を持ち出した。しかし、安道はその話をやんわり断ったが、内心、絶対養子にはならないとホゾを固めていたのは既述の通り。

「わたしの郷里（島根県）には、『小糠《こぬか》三合持ったら養子に行くな』という言い伝えがありました。加えて、戦争で親父が死んで、母親１人で育ててもらった身として、養子なんかに行ったら母親に対して申し訳ないという2つの理由で養子縁組の話にはノーということにさせてもらったんです」

かと言って、自分も清次には入社以来、心身共にお世話になっている。そして、その長女と結婚しようとしていることで、父親の清次が悩んでいることを考えると、安道の心も痛んだ。ましてや、娘は大学を中退してまでも結婚しようとしている。親としてはいかんともしがたい気持ちになる。そうした父親としての心情に思いを馳《は》せると安道も心苦しかった。清次は最初、結婚に「反対」と言ったきり、その件に関しては口を閉ざし続けた。安道と宝子の2人は結婚の意思を固め、式の日取りまで決めていった。

ある日、会社の本社会議に出席した後、安道は宝子と2人で京都の繁華街・四条に出かけた。京都の街には人生の行く末や方位方角を見る占い師がいる。自分たちの縁を観てもらうと、「あなたは28歳までに結婚しないといけない」とのご託宣《たくせん》。そのとき、安道は仙台に赴任して1年余が経ち、28歳。「これは時間がない」ということで、2人で話し合い、翌1970年（昭和45年）の『節分の日』を選んで式を挙げることにした。

京都はこうした占いを自らの意思を再確認する上で活用する土地柄でもある。実は、清次も長女と安道との相性を占いで観てもらっていたらしい。

「どうも3軒回って、相性を観てもらったらしいんです」と安道。結果はどうだったのか？

「2対1と相性が良い方が多かったと聞いています。うちの嫁さんに聞いたら、そう言ってました」。ただし、「この人は家には帰って来ないよとも言われたそうです」と安道はユーモアを交えながら、こう振り返る。

２０２０年（令和2年）2月、京都市内で安道と宝子の結婚50年を祝う金婚式が内輪で開かれた。2人で歩いてきた50年の道のりに「いろいろなことがありました」と安道も述懐する。

○東北支店長として6県全体の開拓を担当

綿久寝具では全国一円に拠点を置く方針を掲げ、いち早く北海道の市場開拓に着手。綿久寝具設立から2年後の１９６４年（昭和39年）には早くも網走、釧路、旭川、函館の各市に進出。また九州では佐賀県に営業所を開設した。仙台営業所、青森県八戸市に八戸営業所・八戸工場ができたのは、綿久寝具設立（1962年＝昭和37年）から4年後の1966年（昭和41年）10月のことであった。

そのような東北市場開拓の流れの中で、安道は仙台営業所長として赴任。結婚し、生活の拠点を置きながら市場開拓に励んでいたところ、八戸営業所の所長が不在になるという出来事が起きた。同営業所には北海道支店から八戸営業所長1人が派遣されていたが、その所長は家族を北海道に残したままの単身赴任。家族からは「早く帰ってきて欲しい」と催促《さいそく》を受けており、当の所長も後任を探して欲しいと言ってきていた。

京都本社でも適任者が見つからない。清次も手を尽くすのだが、いい人事案が見つからない。そこで安道は「わたしがやりましょう」と申し入れた。仙台営業所長のまま、八戸営業所長を兼任するという案である。「そうか。それならそうしてくれるか」と清次も兼任案を了承してくれた。1970年（昭和45年）頃のことだ。そして安道は2年後、東北支店長に就任。東北全体を見る責任者となった。

東北6県は実に広い。岩手県だけでも四国ほどの広さがある。「ええ。岩手県は面積が広くて病院もポツンポツンとしかない。町に1カ所だとかね。特に岩手の場合は県立病院が多い。日本で1番多く、20何カ所もある。個人の病院がないから結局、県で建てていくことになる」

秋田県も個人の病院が少ないのは同じだが、厚生連が経営する病院が多いのが特徴。厚生連は、農協関連の組織で「厚生農業協同組合連合会」のこと。秋田県はこの厚生連経営の病院が東北で1番多い。福島県内にも数カ所ある。このように各県で病院の経営事情は違う。岩手県内での病院基準寝具の営業は、個人病院ではかなり健闘していた。前の責任者が多くの個人病院を開拓していたからだ。

しかし、同県内の県立病院では、自らの洗濯工場で基準寝具を自営でやっていたのである。だが、時間が経つにつれ、洗濯工場も老朽化。工場を作り直すか、外部委託にするかという選択肢に迫られていた。そこで、県議会でこの問題を審議。1年以上、時間をかけて審議した結果、外部委託することに決定し、県議会は条例化した。

安道はこの間、基準寝具の外部委託による県立病院の経営効率化を県医療局や県議会関係者に1人で訴え続けてきていた。それが条例化されるということで一息ついたところへ、地元紙が県の方針をスッパ抜いた。

県医療局が自前の工場を廃止して外部委託にする――というニュースは瞬《また》く間に広がり、県が実施する入札に基準寝具の業者が殺到。大変な競争になった。

県の外部委託への切り替えにより、シェア拡大を意図していたものの、コトは思うように運ばなかった。

第4章

変化対応の経営

第1節

市場開拓へ、いかに地域経済に根を下ろすか

地域にいかに融けこむか――。病院基準寝具の草創期になる昭和40年代（1960年代後半から1970年代前半）は、貸し布団業やクリーニング業などからの新規参入組も相次いだ。それぞれが病院へ売り込みを図り、入札では〝異常〟と思えるほどの低価格での応札もあり、まさに乱戦模様。また、東北市場といっても、東北各県それぞれの地域性があり、営業戦略も地域の実情、特性を考慮しての攻め方が求められた。安道光二は地域に融け込んで、例えば福島県の基準寝具会社をM&A（合併・買収）するといった戦略も実行。まさに知恵と実行力が求められる戦国時代であった。諸課題を抱えながら、事業を成長させていったのは当時の社長・村田清次の不屈の経営者魂であった。

○県ごとに事情が違う東北市場の攻略は？

安道光二は１９７２年（昭和47年）に東北支店長になり、東北６県全体を見る責任者となった。安道は地域のさまざまな事情に合わせた事業を構築していこうと考えていた。当時、綿久寝具（現ワタキューセイモア）にとっての競合相手の多くは、基準寝具事業に新規参入してきた地元のクリーニング業者や貸し布団業者だった。山形や鹿児島、島根など一部地域では、地元の有力デパートも病院基準寝具に参入していた。

中には、綿久寝具のように全国展開を進めている業者もあった。全国のダムやビル建設現場の宿舎、警察署や消防署、相撲の巡業地などへ布団を貸し出している業界最大手の業者で、貸し布団事業で築き上げたネットワークを活かして参入していた。しかし、地域にはそれぞれの文化や風土、長年の地元の付き合いなど、さまざまな事情がある。他の地域から来た、いわば「よそ者」が、その地域に融け込んでいくのは非常に難しい。

綿久寝具のように京都に本社を置き、全国規模で事業を展開していると、すぐに大手対地元の中小企業の対立という構図で捉えられる。地元で基準寝具を始めようとするクリーニング業者や貸し布団業者からは「大手のワタキューが攻めてくる」と反発が起きる。事実、いろいろな批判や中傷《ちゅうしょう》を受けた。

そうした動きは政治にもハネ返る。東北の県選出の国会議員を紹介されて挨拶に出向いたところ、「名刺を差し出すとポンと投げられてしまって」と安道は思い出して苦笑する。「地元の人たちが当時、ワタキューの悪口を言っていたし、地元選出の先生たちも、うちの支持者たちをいじめたという感情がおありでね」と述懐する。

東北6県といっても、県ごとに病院事情は違う。

岩手県は県立病院が多く、病院自営の洗濯工場で基準寝具の洗濯を行っていた。綿久寝具（現ワタキューセイモア）は、外部委託のメリットを県の医療局や県立病院関係者に、粘り強く説《と》き続けてきた。その後、設備が老朽化し、設備の更新よりも、外部委託の方がコストは安くなるという意見も強まり、県立病院の経営効率化を推進するため、県議会も条例を改正。基準寝具を外部委託できるようになった。

そして、外部委託が実現する段階になり、県は指名入札で委託事業者を決めることにした。県内をＡ、Ｂ、Ｃ、Ｄと4ブロックに分けて、Ａブロックにこの3社、Ｂにはこの3社、Cはこの会社とこの会社という具合に、指名を割り当てて入札が実施されたのだが、「当社は宮城県に近い地区の1カ所しか取れなかった」（安道）という入札結果。綿久寝具の関係者にとっては、失望する結果であった。

新規参入組の中には、なりふり構わぬ受注作戦に出る業者もいた。当時の相場が35～36円だったのに、その業者は寝具一式に付き10円以下の価格で応札してきたのだった。県当局者の間では「いくら何でも、こんな価格では……」と議論が交わされたが、安い方がいいという判断で、結局、その業者が落札した。

安道たちは徒労感《とろうかん》に襲われた。自分たちが旗振り役となって基準寝具の外部委託を広げようと努力してきたのに、それが報われなかったという思いだ。

◯地元勢の強い中を……

秋田県は県内最大手の基準寝具業者が既に大病院の大半と契約していた。福島県や青森県も同じように地元勢が強く、京都が本社の綿久寝具が契約を取るのは難しかったため、M&A（合併・買収）でグループ内に取り込む戦略も取った。「福島県では

3社位M&Aしました。会津若松などは地元勢が100%市場を押さえていましたが、その会社もM&Aしました。いわき市などの浜通りや福島市内でもグループ会社を増やしたり、小さな業者さんと提携したりしました。地元とは懇意にしないといけないから、地元の業者さん、契約先の病院にはよく通いました」

青森県でも地元のクリーニング業者や貸し布団業者が参入しており、地元勢が強く、M&Aできた案件は1社しかなかった。特に西部の津軽地方にはなかなか入り込めなかった。しかし、東北地区にはまだ攻める余地があった。「その時点で、まだ自分の所で寝具類を洗濯している大きな病院もあった」と安道は語る。それが宮城県である。東北での営業の司令塔的機能は仙台。それだけに安道も力を注いだ。

綿久寝具（現ワタキューセイモア）では、新規参入業者からの依頼で経営指導を引き受け、基準寝具事業の運営ノウハウを伝授することもあった。基準寝具のリースは、例えば寝具一式1万円するものを1日30円で提供するので、相当な資金が要る。また、そうした資金関連の経営指導も行い、布団などの寝具類を綿久寝具が提供することもあった。しかし何年か経つと、跡継ぎがいないといった事情や資金繰りに困ってしまう業者も少なからずあった。

「ホームクリーニング業と兼業で基準寝具をやっておられる所もありましてね。そうした業者さんとよく話をして、本業のホームクリーニング部門を伸ばしてもらって、基準寝具の部門は当方へ売ってくださいということでM&Aの話を進めていったこともありました」と安道は当時を振り返る。

新規参入組の中には、小規模のクリーニング業者同士で基準寝具を始めたところもあった。しかし、途中で仲間割れして事業が立ち行かなくなるというケースもあり、そこで綿久寝具が相談に乗り、M&Aで事業を承継、発展させることもあった。

○白衣は綿久寝具の強みを生かして

先述の通り、岩手県の県立病院入札では新規参入組に競り負け、なかなか病院基準寝具の契約を増やせなかった。そこで綿久寝具では、新たな外部委託市場の掘り起こしを進めていった。

その1つが、医師や看護師が身につける白衣である。岩手県の県立病院では自分たちで白衣を購入して、使った白衣をクリーニング会社に出し、洗濯してもらっていた。

岩手県の県立病院は20数カ所あり、白衣の需要も多い。同じ県立病院でも、白衣の購入先や洗濯業者がバラバラでは、効率的な業務につながらない。コスト面も考慮して統一しようという動きも盛り上がってきていた。

その当時、綿久寝具（現ワタキューセイモア）では、既に白衣の洗濯付きリース事業を展開していた。綿久寝具が洗濯付きリースで提供する白衣は、メーカーの既製品だけでなく、綿久寝具で開発・生産したオリジナル製品。たとえデザインや使用感が良くても、洗濯工場での繰り返しの洗濯・消毒やハードな医療業務に十分耐えうる丈夫な白衣でないと、洗濯付きリースの製品として使用できない。そこで、綿久寝具では、洗濯付きリースに適した白衣の開発・生産も行っていたのだった。

医療従事者にとっての白衣づくりとは何かという視点で安道は、「お医者さんも看護師さんも全部あつらえものだから難しいんです。人によって身長や足の長さとか、いろいろ違いがありますのでね。生地も大手紡績会社の何番手とか指定されていて白衣を作っていくわけです。長いリース期間だから、製品は丈夫じゃないといけない。うちの本社で作った製品は長持ちする。生地も指定された番手《ばんて》で作ったものだから丈夫ですしね」と説明する。

洗濯工場での白衣仕上げ工程の様子

安道は、病院で使用する白衣は洗濯付きリース方式を採用した方が病院の経費もより少なくて済むと、岩手県内の病院や県の医療局などに提案を続けていたところ、岩手県では綿久寝具の提案と従来通りのままのどちらが良いか検討を始めた。綿久寝具の京都本社を訪ね、白衣の生産工場・洗濯工場などを現地視察した上で、岩手県は白衣の洗濯付きリース方式の採用に踏み切った。

こうして、基準寝具で苦戦した岩手県の県立病院には、白衣の洗濯付きリースという綿久寝具の強みを活かした方法で市場開拓を進めることができた。安道は、このように東北各県の状況やさまざまな地域の事情を考慮して、自分たちの強みと長所を発揮するような柔軟な営業戦略を用いて東北市場の攻略を進めたのであった。

○ワタキュー創業者・村田清次の経営思想に……

その時々で課題を抱えながら、それを乗り越えることで人も事業も成長する。また、会社の事業規模が大きくなればなるほど社会的使命は大きくなっていく。

病院基準寝具、そして病院給食事業でナンバーワンの会社に成長できた理由について、安道はワタキュー創業者・村田清次の存在とその経営理念をあげる。1981年（昭和56年）9月、55歳で亡くなった清次。祖業・製綿業で出発した村田家の3代目で、戦後すぐ株式会社化して綿久製綿を設立（1950年＝昭和25年）。製綿業の先行きを考え、国民皆保険制度（1961年＝昭和36年）の施行などから病院基準寝具に着目。さらには病院給食の外部委託事業を創造してきた。

経営者としての先見性、判断力、決断力、そして行動力は今でも語り継がれる。「村田清次社長が偉かった。要するに今、会社があるのは村田社長のお陰です」――。安道は、村田家3代目、ワタキューセイモア初代社長の村田清次を語るときには今でも〝村田社長〟と呼ぶ。

安道は青年期から社員として、また、取締役の一員として傍《そば》でトップの振る舞いを見てきて次のように語る。「事業計画はあっても金がない。銀行に断られてもやるのだから、すごい人だと思いました」。銀行が面倒を見切れないと言い出したら、すぐさま商社に渡りをつけ、商社金融で生き残る方途《ほうと》を探り出していく。商社から人が派遣され、半ば商社管理みたいな状態も経験。商社からの借金も返済していくのだが、その間はじっと耐え忍ぶ状況が続いた。

商社から派遣されている人たちが帰宅した後の夜間、清次は幹部を集めて会議を開く。「それはもうすごかった。会社の行く末について熱く語る。仕事が停滞していると夜通し怒られたこともありました。『おお、いま何時だ？　朝の6時か。さあ仕事だ』といった調子でね」。時に机を叩いて幹部を叱咤《しった》激励《げきれい》することもあったという。それだけ事業に対する熱い想いがあったということであろう。

会社の大借金は清次が亡くなった1年後に返済。これを見ずに亡くなったことは、清次にとって無念であったろうが、会社の方向性については自信があったのではなかろうか。「金はないし、会社をつぶしてはいけないという思い。だから必死だった。逆に余裕があったら、余り伸びなかったと思います」――。

ワタキュー創業者・村田清次が強い信念を持って必死になって新しい事業を切り拓いていったという経営の原点を、清次への感謝の気持ちとともに、若い世代に伝えていきたいと、安道は強く思っている。

第2節

医療食の外部委託業務へ進出

「素人でも、新しい仕事に挑戦する」――。祖業は製綿業で、病院基準寝具、そして医療食販売・病院給食業務受託といった主要事業で最大手に成長したワタキューグループだが、60年近く前、病院基準寝具に参入する際は、「布団づくりはプロでも、寝具の洗濯は全くの素人だった」と安道光二。本業に徹し、新規顧客の開拓に打ちこんでいると、本業に関連して、新しい仕事が拓けてくるということ。病院関連の仕事に懸命に取り組み、病院寝具の後に浮かび上がってきたのが病院向けの医療食の提供業務であった。1972年（昭和47年）に日清医療食品を設立し、医療食販売事業に乗り出していくのだが、当時は冷凍技術も発達しておらず、苦戦が続いた。開拓の足跡を辿ると……。

○本業に徹することで新しい事業を開拓

「村田清次社長は『本業に徹せよ』『営業活動に徹せよ』と言い続けてきました。本業に徹していると、本業に付随して新しい仕事が掘り起こせるということです」

１８７２年（明治５年）、村田久七《きゅうしち》が製綿業を起こしてから２０２０年（令和２年）で１４８年。１５０年近い歴史の中で、ワタキューグループは時代の変化に対応して事業を起こしてきた。

創業者の孫の清次は家業を株式会社化し、１９５０年（昭和25年）、綿久製綿を設立。朝鮮戦争による特需などで会社を急成長させたが、１９５９年（昭和34年）の綿市況暴落時に苦境に陥る。しばらく銀行管理の状態が続いていたが、それでも清次の事業開拓意欲は旺盛だった。

１９６１年（昭和36年）に清次は病院基準寝具に着目し、翌１９６２年（昭和37年）に綿久寝具を設立。迅速にして機敏な行動力を発揮し、病院に日参し、営業部隊も頑張ってどんどん契約を取り、基準寝具の分野でナンバーワンの地位を築いていった。

さらに、１９７２年（昭和47年）には、病院向けの医療食を提供するという新しい事業領域を開拓していった。

こう記述すると、新しい事業が容易に確立し、軌道に乗ったように思えるが、実際は紆余曲折の連続。「病院の基準寝具制度ができて、この分野に参入するわけですが、いかんせん綿久は、布団はプロでも洗濯の領域は素人。それでも、新たな事業に進出しようということで、社長が決心して病院基準寝具事業を始めることになりました」と安道は振り返って話す。

国民皆保険制度が施行されて以降、病院に入院する患者が増え、寝具類のニーズが高まってきたが、病院では対応に苦慮していた。その後、病院基準寝具の外部委託が厚生省（現厚生労働省）から認められると、外部委託を選択する病院が増えていき、綿久寝具（現ワタキューセイモア）側からすると、努力次第で契約がどんどん取れるという状況になった。ただし、資金面では「自転車操業みたいなもので、一生懸命ペダルをこぎ続けないといけない状況が続いた」と安道は当時を振り返る。

病院基準寝具のビジネスモデルはリース方式。例えば、１万円する基準寝具を30円でリースするのだから、資金が豊富でないと続かない。注文を多く取るのなら、洗濯工場も増やさなければならない。そのため、資金不足で厳しい経営状態が続き、資金協力をあおぐため、清次は銀行に何度も頭を下げて融資を頼みに行ったのは既に述べた通りである。銀行が融資に難色を示すようになってからは、商社に融資を依頼し、必要な資金を何とか確保していった。

本業に徹し、潜在可能性を掘り起こしていく。こうして病院基準寝具の事業を確立し、ほぼ全国に営業・洗濯工場の拠点を設置したところで、次の事業は何かというときに登場してきたのが病院給食であった。

○病院給食事業を新たに始める

厚生省（現厚生労働省）により病院給食の基準が制定されたのは１９５８年（昭和33年）。基準給食制度として病院で提供する給食に関する基準が定められた。その後の診療報酬改定で、特別食加算などが創設され、病院給食の見直しや改定が進んだが、病院の給食は冷めた状態でおいしくなく、さらに夕食の提供される時間が早過ぎて『おいしくない、冷たい、早い』の〝三悪〟と言われ、その克服が課題とされてきた。

当時、病院で患者に出される給食は、その病院が自ら手がけていた。入院設備のある医院では、院長夫人が給食を作るなど、その作業も大変な負担であった。

「その当時は患者さんの間でも病院の給食はまずいと思われていましたしね。夕食も昔は午後4時頃出ていたんです。病院も食事をどうすれば良いかと困っていました。それで病院での給食事業の外部委託を新たに認めようという動きになった。病院関係者も以前から頭を痛めていたんだろうと思います。村田清次社長も関係者といろいろ話し合い、相談しながら病院の給食事業を煮つめていったわけです」

そのような状況の中で、病院給食を手がける日清医療食品が、綿久寝具の全額出資で設立されたのは1972年（昭和47年）9月。資本金2000万円で、清次が社長に就任。創業100周年という節目でもあった。

日清医療食品の初代社長は清次。清次没後の1981年（昭和56年）に村田秀《ひで》太《た》郎《ろう》、1996年（平成8年）に村田士《し》郎《ろう》（清次の妹婿）が受け継いだ。安道は1997年（平成9年）8月、ワタキューセイモアと日清医療食品両社の社長に就任。日清医療食品が2001年（平成13年）、JASDAQ（ジャスダック）市場に株式を上場する際、親会社（ワタキューセイモア）の社長は子会社（日清医療食品）の社

病院内の厨房で患者さんの給食を準備

長を兼務できないことから、２０００年（平成12年）に社長の座を村田士郎に引き継いだ。

その後、２００５年（平成17年）に村田清和《きよかず》（初代社長・清次の長男、ワタキューセイモア現社長）が社長に就任。株式上場廃止後の２０１１年（平成23年）に、安道は会長兼社長として復帰し、現在は安道光二会長・菅井正一《すがいしょういち》社長体制で病院給食業界をけん引している。

○医療食加算新設とその背景

１９７８年（昭和53年）１月の診療報酬改定で、「医療食加算」が新設された。この加算は、指定された検査機関において調理加工後の栄養成分が分析・保証された加工食品を一定の基準で使用し、食事を提供した場合に報酬として算定できるというもので、その目的は、どの病院でも入院患者に一定の基準を満たした食事を公平に提供できるようにすることであった。

例えば入院患者1人に、診療報酬から1日の給食費が1000円支払われるとする。給食を出す病院側は食材の購入代をその1000円の中から賄《まかな》う。食材購入費用が安ければ、それだけ利益が出やすくなる。そうすると、食材を安く購入する所と高く購入する所とで食材の質に差が生まれてくる。

「安い食材を買っている病院に入院した患者さんは損をしているというか、不公平になるという話になった。これではいけない。公平にしようじゃないかという考えになってきたわけでしょう。同じような食事、基準のある食事にしていったらいいと。そうした医療食ができたら、例えば一定の基準を満たした場合に、1000円が診療報酬から支払われるという仕組みづくりですね。食材の購入費、引いては食事代を値切らずに、同じ基準であればいいということ。それで食事の材料になるものに点数をつけることにした。全国でその方式にすれば公平になるでしょうということで、医療用食品の提供の仕組みができていった」

1978年（昭和53年）3月には指定検査機関の財団法人日本医療食協会が97品目を医療食として第1次認定。これに基づき、日清医療食品は医療用食品の販売を全国展開する方針を決めた。

しかし新しい事業に試行錯誤は付きもの。医療用食品の販売開始後もさまざまな課題が発生した。医療用食品の販売事業は法律の裏付けが伴う制度設計の中でスタート。医療食として認められるものは、検査機関で栄養成分の分析・保証・表示がなされた調理済み加工食品。基準を満たし、かつ、病院への運搬や保存を考慮すると、医療食を冷凍して病院に提供するのが適しているのだが、当初は冷凍技術が発達していなかった。例えば野菜を冷凍すると、しおれたり茶色く変色したりしてしまい、見栄え良くおいしく冷凍できるようになるまで試行錯誤が続いた。

「医療用食品を販売してから給食受託が認められるまでの間、うちは赤字続きでした。売れないんです。おいしくないということでね。揚げ物ばかりでしたから。冷凍で唐揚げとかフライといったものばかり。傷みにくいというので、揚げ物が必然的に多くなっていたんです。入院患者さんから見れば、揚げ物は胸がつかえるし、人気がない。病院にも売れず、うちの子供たちも毎朝食べさせられて『いい加減にして』と苦情を言われたりしましてね」と安道も苦笑。売れないから社員にも売るようにしたところ、「近所の惣菜屋さんから、『最近うちの店の品が売れず、売上が下がった』なんてクレームが寄せられたりしてね」というエピソードも残っている。

「医療用食品の販売事業を始めて1年目に40億円位の赤字となり、その状態が3年位続いた。病院基準寝具事業の利益がまだ安定しないときで苦しかった。それでもみんな頑張ったんですよ」と安道は述懐する。

○病院給食業務の受託開始と医療食の販売競争

1986年(昭和61年)3月、厚生省(現厚生労働省)から『病院における給食業務の一部委託について』という通達が出され、病院給食業務の外部委託が正式に国から認められた。この通達に基づき、日清医療食品も同年、本格的に給食業務の受託を開始。また、給食業務受託の全国展開の際に食材を安定して調達するため、同年12月に日清医療食品の全額出資で、日本食材株式会社(2005年=平成17年に日清医療食品と合併)を設立した。

医療用食品の販売事業は冷凍食品会社などの参入で、日清医療食品を含めた5社間での競争となっていたが、綿久寝具が既に全国の病院に営業展開していたことや病院給食業務の受託をしていた点で競合他社より優位な立場にあった。その後、競合４社は赤字続きなどで縮小し、最終的に残ったのは日清医療食品であった。
「うちも手を引こうと思ったのだけれども、『国の法律に基づいて成り立っている事業だし、病院側に一定の需要があるのだから事業者がなくなるのは困る。日清さんだけは何とか続けてくれないか』という声もあり、厳しい経営状況でも事業を続けていました」と安道は語る。

日清医療食品では病院からの受注獲得拡大のため、製品開発の研究所を作るなど厳しい経営状況の中でも努力を重ねていた。ところが、日清医療食品の医療用食品販売が独占状態だという指摘が入る。競合他社の撤退もあって、結果的に１社だけとなったのだが、それを独占と指摘され、批判されることに日清医療食品関係者たちは戸惑いを覚えた。

１９９５年（平成7年）頃から、この批判は燎原《りょうげん》の火のごとく広がり、国会で野党が取り上げて問題がクローズアップ。監督官庁の厚生省（現厚生労働省）の指導についても追及された。また、批判の矛先は財団法人日本医療食協会にも向けられた。この協会では、１９７２年（昭和47年）末から医療食の製造工場認定と販売業者認定を行っていたのだが、日清医療食品を第1次販売業者に認定していたことや同協会の理事長に厚生省の元幹部が天下っていたことなどが批判され、結果的に日本医療食協会は1996年（平成8年）に解散させられることになってしまった。

第3節

会社と業界の経営環境向上に奔走し続けた村田清次

日清医療食品は、困難を乗り越えて改善を進め、現在に至ることができた。病院基準寝具は利用者（患者）負担の公平さを保つため、診療報酬点数が定められている。しかし、それらの外部委託が始まった当時の点数を基準にした契約金額は非常に低く、基準寝具事業者の経営は厳しかった。そのような状況の中、綿久寝具の初代社長・村田清次が業界団体の日本病院寝具協会理事長に就任。業界の維持・発展のために奔走し、診療報酬点数引き上げに尽力した。さらに、病院給食事業に参入するなど奮闘を続けていたが、清次は病に倒れてしまう。そして綿久寝具は村田秀太郎社長の新体制になり、安道光二は営業担当常務として全国を回ることになるが、ある時、心を痛める場面に遭遇する……。

○日清医療食品　現在に至るまで

病院給食を手がける日清医療食品は前節で既述の通り、競合企業が撤退し、厳しい経営状況でも、1社だけで医療用食品の販売を継続。それを「独占」と指摘・批判され、国会でも議論の対象にされたが、日清医療食品では、医療用食品や病院給食事業が社会にとって必要かつ重要なものであるとして、仕入先様やお取引企業様などのご協力のもとで、病院給食のマイナスイメージ「おいしくない、冷たい、早い」の改善努力を忍耐強く続けた。

「冷たい、早い」の課題については1986年（昭和61年）の厚生省通達「病院における給食業務一部委託について」が出される前から、改善に取り組んでいる病院も一部あったが、日清医療食品はこの通達後、病院給食業務を受託可能となり、より多くの病院で18時以降に食事を提供できるシフト体制を整備。また、1994年（平成6年）の診療報酬改定で「適時適温加算」が追加されて以降、食事提供に温冷配膳車などを使用して温かい食事も出せるようになり、「冷たい、早い」の課題を改善した。

「おいしくない」の改善として、日清医療食品では2001年（平成13年）に医療・介護施設への食事サービス提供の差別化を図るため、セントラルキッチン（給食工場）「ヘルスケアフードサービスセンター岩槻」を開設。この工場では、おいしさや栄養成分と見た目の良さを保つことができるクックチル方式の食事を提供でき、さらに、安全・衛生面の一括管理や調理コストの削減も実現した。2004年（平成16年）には咀嚼《そしゃく》・嚥下《えんげ》困難な方向けに、安心して食べることができ、見た目が綺麗な介護食である「ムース食」を開発し、販売を開始した。

日清医療食品を含む給食業者に給食業務を委託する医療・介護施設の件数は、1986年（昭和61年）の厚生省通達以後、1989年（平成元年）に全国で約1000施設だったのが、現在では1万3000施設以上に大幅に増加している。その一方で、日清医療食品は病床数削減や地域医療構想による医療・介護の在宅シフトに鑑《かんが》みて、2012年（平成24年）から在宅配食事業「食宅便」サービスを開始した。

また、労働力不足対策としてセントラルキッチンへの移行に取り組み、2017年（平成29年）に京都・亀岡市に1日10万食製造可能かつ大量多品種の自動化を実現した、世界にも類を見ない最新鋭の給食工場を建設。さらに昨今発生する大規模な自然災害時でも食事提供を継続できるよう、ヘリコプターによる搬送などの対策も実施している。現在、日清医療食品の売上高は2450億円（2019年3月期）に達し、安道光二会長・菅井正一《すがいしょういち》社長体制で病院給食事業の更なる発展に取り組んでいる。

○診療報酬点数の引き上げ陳情に奔走

綿久寝具（現ワタキューセイモア）も日清医療食品も紆余曲折を経ながらリーディングカンパニーになった。厳しい環境の中を持ち前の先見力と決断力、行動力、そして指導力で引率していったのが両社の創業者・村田清次《きよつぐ》であった。

病院基準寝具制度が始まったのは1962年（昭和37年）。国民皆保険制度開始の翌年だ。当時の日本は高度経済成長を続けており、それに伴い継続的に物価も上昇していた。

病院基準寝具の事業者が病院と契約金額を交渉する際、金額の目安となるのが診療報酬点数である。診療報酬点数は1点10円で計算され、原則として2年に1回見直しがあるが、基準寝具については1967年（昭和42年）に5点（50円）で設定されたまま、点数が据え置かれていた。そのため契約金額に物価の上昇が反映されず、事業者の経営状況は年々厳しくなってきていた。

清次が日本病院寝具協会の理事長に就任したのは１９７２年（昭和47年）。清次は業界の持続的発展のため、基準寝具事業者の代表として東奔西走《とうほんせいそう》。事業者の経営安定化のため、窮状を訴え、基準寝具の診療報酬点数引き上げを厚生省（現厚生労働省）などに陳情し続けた。

１９７３年（昭和48年）に第１次石油ショック（原油価格が４倍に高騰）が発生し、大幅に物価が上昇したことと陳情等の努力により、基準寝具の点数は１９７４年（昭和49年）２月に８点（80円）、さらに同年10月に10点（１００円）に引き上げられた。１９７６年（昭和51年）に清次は日本病院寝具協会の理事長を退任したが、１９７８年（昭和53年）から１９７９年（昭和54年）にかけて、第２次石油ショックとインフレが発生。更なる物価上昇による事業者の窮状を清次は粘り強く訴え続け、その結果、基準寝具の点数は１９７８年（昭和53年）に11点（１１０円）、１９８１年（昭和56年）６月に12点（１２０円）に引き上げられた。

「制度がスタートした当初は点数が低く、この事業に参入した人たちも気息奄々《きそくえんえん》でした。点数を少しでも上げてもらいたいという気持ちがあっても、事業者の力は弱かった。そんなときに村田清次社長が日本病院寝具協会の理事長に選ばれた。業界のために関係先を走り回って、事業者の社会的地位の向上に努めたんです」。また「寝具はもちろん、医療食の問題も村田社長が全部引き受けて動いた。点数を引き上げてもらったことで事業環境も良くなりました」。基準寝具や病院給食事業の土台となる〝診療報酬点数〟の草創期について安道はこのように語る。

ただ一方で、北は北海道から南は沖縄まで進出していた綿久寝具は全国各地で〝敵〟とみなされていた。「どこでも、うちは敵だと見られていた。でも、村田社長のことだけは悪く言われなかった。協会の理事長になって業界のために頑張ってくれたと。しかも診療報酬点数を上げることは並大抵の努力ではできないので尊敬されていました」

しかし、病院基準寝具と病院給食業界のため、また綿久寝具と日清医療食品の更なる発展のために奔走していた清次は、１９８１年（昭和56年）８月に病に倒れてしまったのだった。

◯村田清次の事業家魂に改めて学ぶ

「村田清次社長が亡くなったのは1981年(昭和56年)9月。その時点で借金が残っていましたが、1年後にはゼロになりました。綿久寝具も日清医療食品もね。借金返済の流れは数字を見れば分かってはいたけど、ゼロを見ることができずに旅立ってしまった。満55歳で亡くなったのですが、若過ぎました」

清次が京都市内の病院に入院したのは1981年（昭和56年）8月31日のこと。安道が病院を訪ねたのは翌日の9月1日。痛みを伴いながらも、清次は8月の月次決算が気になり、「早く決算の数字をまとめて報告するように」と指示を出した。だが、入院2日目の9月1日、医師からヱミ子夫人などに「今日危ない状態です」と告げられていた。それから10日間、清次は生き抜く。

「本当に生命力の強いリーダーだった」と安道は述懐。真の病名を知らず、本人は早く回復して社業に復帰したいと考えていた。55歳での死は無念であったろうと思われる。しかし、この清次の生きざまはワタキュー関係者に受け継がれ、その精神は同グ

払われる額と、病院と事業者間の〝実際の契約金額〟の差額の調整が行われる。
その結果、1994年（平成6年）の診療報酬改定で、基準寝具制度の診療報酬点数加算が廃止されてしまった。実際には、新設された「入院環境料」の中に基準寝具の点数分も含められたのだが、基準寝具は何点なのか、わからなくなってしまった。
さらに2000年（平成12年）の改定で、「入院環境料」を「入院基本料」に含めるということになった。現在では「入院代と込みだから、契約金額もどんどん下がっていった」。そして、激化する受注競争に耐えかね、また人手不足や高齢化、後継者難などの事情により、事業を手放す企業も出現。こうした企業から相談を持ち込まれワタキューセイモアがM&A（合併・買収）する事案も発生。病院も事業者も、どう生き抜くかという命題に直面している。

1981年（昭和56年）、清次の逝去後、同社は緊急会議を開いた。実弟の村田秀《ひで》太郎《たろう》が社長に就任し、東京駐在の村田士郎《しろう》（妹婿）と北海道駐在の鳥井健次両副社長、常務2人の体制を敷いた。

このとき安道は東北支店長で取締役。この新執行体制がスタートするとき、村田弘《ひろ》志《し》（現副社長）と村田清《きよ》和《かず》（現社長）、そして九州の炭鉱出身で寝具事業の開拓に努

日本病院寝具協会の創立10周年記念祝賀会にて挨拶する村田清次理事長

めてきた西《にし》ノ《の》村《むら》勝《かつ》治《じ》が取締役陣に加わった。

秀太郎体制の下、安道は１９９５年（平成７年）に常務に昇格。仙台を本拠にしながら、全国の営業を担う営業担当になった。そして安道は営業担当常務として全国を回ることになるのだが、ある時、心を痛める場面に遭遇した。

第5章

創業時の原点にたち還る

第1節

社長就任後、社是を「心」に決める

安道光二は1997年（平成9年）、ワタキューセイモア社長に就任。基準寝具、そしてグループ会社・日清医療食品が手がける病院給食共に全国シェアトップの地位を築いたものの、安道には気懸りなことがあった。それは「最近のワタキューさんは横柄だ」という取引先の声が耳に入ってきたからである。安道自らが担当してきた東北エリアでは謙虚に、そして誠実に取引先（顧客）との共存共栄関係を築き上げてきていたと思っていたが、全国に事業規模が広がるうちに、いつしか組織内に慢心が生まれつつあった。創業者・村田清次以来の「感謝の気持ち」と「謙虚な姿勢」、そして思いやりの「心」を今一度取り戻そうと意識改革に乗り出す。社員にも積極的に提言してもらう制度を取り入れていった。

○村田秀太郎社長時代のグループの発展

ワタキューセイモアの創業は１８７２年（明治5年）。村田久七《きゅうしち》が製綿業を興したのが始まり。「綿久」の屋号は村田久七の名前に由来する。２代目・村田庄太郎《しょうたろう》を経て、３代目・村田清次《きよつぐ》が１９５０年（昭和25年）に綿久製綿株式会社を設立した。

清次は時代の変化に対応し、１９６２年（昭和37年）に綿久寝具を設立。本業を病院基準寝具に切り替えた。そして１９７２年（昭和47年）に日清医療食品を設立し、病院給食事業にも進出。綿久寝具は、４代目・村田秀太郎《ひでたろう》社長時代に創業１２０周年を迎えた。

１９９２年（平成4年）、ＣＩ（コーポレート・アイデンティティ）を導入し、社名を「ワタキューセイモア」に替えた。『セイ』は生命や人生の〝生〟、清潔や清純の〝清〟、そして誠実や誠意の〝誠〟を表し、『モア』は英語のＭＯＲＥ（より多く）を意味する。ワタキューセイモアは『綿久』も入り、社業の歴史と伝統も伝えるし、発音もしやすく、清々《すがすが》しさ、溌剌《はつらつ》さを感じさせる。

当時の社長・秀太郎は社史『綿久110年のあゆみ』の中の〝発刊のことば〟で、「企業は生きものであり、永久に発展させねばなりません」と述べている。秀太郎は兄・清次の経営を受け継ぎ、『攻め7分、守り3分』の精神で、新規事業の推進と新市場開拓を進めた。例えば、医療福祉施設で使う布おむつの開発もその1つ。医療福祉の現場の声を取り入れて、要介護者の快適性、経済性と共に介護する側の作業効率を考慮した布おむつを開発した。

日本は1970年（昭和45年）に高齢化社会（65歳以上が全人口の7％を占める）となり、1994年（平成6年）に高齢社会（同14％以上）、そして2007年（平成19年）に超高齢社会（同21％以上、現在28％）となり、急ピッチで超高齢社会に突入した。

こうした流れの中で、秀太郎は1990年（平成2年）に『シルバーマーク』の認可を得て、療養ベッドやポータブルトイレなど介護用品のレンタル・販売を開始。また、創業120周年記念事業の一つとして寄付行為により設立を支援してきた社会福祉法人が特別養護老人ホームを開園した。そのほか、医療廃棄物の処理を管理するメディポートシステムや介護施設のコンサルティング・施設の設計等を行うワタキューライフケアデザインを設立。また、駅型保育モデル事業として、仙台駅前にワタキューキンダーハイムを開設するなど、兄・清次から受け継いだワタキューグループをさらに発展させていった。

○トップの座に胡坐をかき、謙虚さを……

安道光二は、東北支店長として東北６県を担当しながら、１９８０年（昭和55年）取締役に就任。その頃には基準寝具も病院給食も共に全国シェアでトップになっていた。安道は30年近く、仙台を拠点に東北エリアの風土、生活習慣に融け込もうと努めてきた。その根底には、清次から学んだ生き方の原点、人と接するときの「感謝の気持ち」や「謙虚な姿勢」、礼儀作法などがあった。また、自分が学び、実践してきたことを後輩や部下にも伝えていかなければという思いでやってきた。

隣の北海道には時々、行き来していたが、東北・北海道では支店や営業所に行っても、社員たちは礼儀正しく、謙虚に誠実に仕事をしていた。「北海道の営業をはじめ、関係者はちゃんと頭を下げて礼儀正しくしていました。前の村田清次社長が取引先や地域社会への『感謝の気持ち』をもって『謙虚な姿勢』で仕事をしていこうと教育し続けてきましたからね。それが当然だと思っていたんです」

１９９５年（平成７年）７月から安道は営業本部の販売部門長を兼務。同年９月、常務取締役に就任後も引き続き全国を回っていたところ、「最近のワタキューの社員さんは少し横柄ですね」といった、ワタキューセイモアの社員に対する好ましからぬ評判を耳にするようになった。

ワタキューセイモアの購買担当者が仕入れ先に対して〝買ってやる〟といった態度になっているとか、自分の父親くらいの年齢の取引先の相手に乱暴な口のきき方をしているのだという。中には「彼の名前は一生忘れない」という取引先の方の怒りの声まであった。

社長就任後、初めて臨んだワタキューグループ入社式で挨拶する安道会長

これではいけないと、安道も留意するようになった。当時の社長・秀太郎も「この頃、ワタキューは横柄《おうへい》になっていると言われている。注意するように」という訓示を出していた。安道は秀太郎の話を聞きながら、自分でできることをやっていこうと決心していた。

○中堅幹部社員の発言に心を痛めて

その頃、こんな出来事があった。安道は常務取締役と東北支店長を兼任し、普段は全国を飛び回っているのだが、その日はたまたま東北支店長室にいた。空室になっていることが多いので、支店では普段、応接間として使用していた。

その日は本部からやってきた若い中堅幹部も入って仙台の工場長たちと工場の操業状況について話し合っていた。本部の中堅幹部が１号機の操業具合は？　２号機はどうか？　と質問を投げかけていた。

工場長たちが「４号機の能率が悪いんです」と報告したところ、本部の中堅幹部が言葉を荒げて「その担当者を取っ替えろ！」と言い放ったのである。安道もその口調の激しさにびっくりさせられた。ソファに座って会議をしていた工場長らも一斉に安道の方に顔を向けた。本部の中堅幹部の乱暴で傍若無人《ぼうじゃくぶじん》なモノの言い方に、周りも何と対応していいか困惑している様子だった。「本部の若い者がこんな言動をしていたら会社がおかしくなる」と安道は痛感し、危機感を覚えた。

安道が全国の営業担当を務めていた時期、世の中も大変な出来事や事件が起きていた。死者６４２５人を出した阪神・淡路大震災が発生したのは１９９５年（平成７年）１月。同年３月には東京地下鉄サリン事件が発生。翌１９９６年（平成８年）夏には病原性大腸菌「Ｏ―１５７」による食中毒が大量に発生していた。

平成の世に入っていたが、日本経済はバブル崩壊（１９９０年＝平成２年）で金融危機にも見舞われていた。財政立て直しのため、消費税引き上げも論議されたが、反対論も強く、社会全体が荒れていた（消費税の３％から５％への引き上げは橋本龍太郎内閣の手で１９９７年＝平成９年４月に実施）。

社会全体が荒《すさ》み、ワタキューグループの業績も不振ぎみ。安道が当時を振り返る。

「本部の会議も荒れていたし、日清医療食品も、わたしが社長になったとき（同年８月）、10月は赤字に転落するのじゃないかという雰囲気でしたからね」。しかし、会社の業績が低迷しているからといって、自分たちの生き方まで荒《あ》れてしまうのはいけない。創業時の原点にたち還らなければならない。安道はそのような思いを募らせていた。

安道は１９９７年（平成９年）８月、ワタキューセイモアと日清医療食品の両社の社長に就任した。満55歳のときである。

安道が社長に就任した時点で基準寝具は事業開始から35年、病院給食は25年が経っていた。激しい競争を体験し、また、紆余曲折を経て業界トップに立ち、その座を保持してきたことから、いつしか社内の一部に尊大な態度が生まれていたのかもしれない。

ワタキューセイモア社長に就任した安道は社内の意識改革に着手。ワタキューグループの「基本方針」を制定するところから始めた。これについては既述しているが、安道の経営改革の核心なので改めて触れる。

まず、『横柄』といわれるのはなぜなのか、というところから考えてみる。原材料の仕入れ先に対して、こちらは〝買ってやっている〟という気持ちを改めなくてはならない。また、社内においても役職者は〝社員を使ってやっている〟と思っているのではないか。そこからの意識改革を進めなくてはならない。

こうした考えに立って、安道は「基本方針」を制定した。

『私達は創業時の原点にたち還り』と冒頭に記し、自分たちのこれからの生き方・働き方を次のように謳う。

・お客様には仕事をさせて頂いている

・仕入先には売って頂いている
・協力企業の方々には仕事をして頂いている
・会社のみなさんには働いて頂いている
という感謝の気持ちと謙虚な姿勢で
何事にも接する社風を醸成すると
ともに、誰もが思いやりの心を持ち、
互いに協力し、人に誇れる立派な
会社に勤めて良かったと思えるグループ
にする。

以上を礎としてワタキューグループの
強固な石垣を構築するため

社是を『心』とする。

「朝礼のとき、会議を始めるときに、この『基本方針』を唱和《しょうわ》します。そして、『基本方針』を印刷したカードを常に携行して頂くことで、いつでも目にすることができ、実行、実践して頂くようにしています」

○社員の意見を取り入れ、経営課題の解決に着手

いま、日本では働き方改革やワーク・ライフ・バランス実現への取り組みが進む。海外に目を向けると、グローバリゼーションの中で、中国をはじめとする新興国の台頭、米国の自国第一主義、英国のEU（欧州連合）離脱など世界は激変。さらには新型肺炎という目に見えないウイルスと人の闘い。想定外のことが次から次に起きる中で、基本軸をしっかりさせておかないと周囲の状況に押し流されてしまう。

そのために、人はどう生き抜くのか、また何のために働くのかが一人ひとりに問われているという安道の思いである。安道は、その生き方・働き方を今一度見直し、何のために生きるのか、何のために働くのかを「基本方針」を通じてグループ社員一人ひとりに呼びかけていった。

安道は経営の根本改革を図るため、改革・改善すべき点があれば、思う存分に提案・

報告してもらうべく社内に呼びかけた。「会社に対して何か思うことがあったら書いてくれ、ということです」。その結果、大きな項目で20位の改めるべき項目が寄せられた。

これらの提案・提言の処理について、安道は「もう20何年になり、時間はかかりましたが、大抵は解決できてきました。まだ解決しないものが1つありますが、みんなの努力でここまでやってこれました」と述懐。

課題解決には早いものでも3～4年間はかかり、平均5～6年かかった。長いものは10年以上を要したものもある。課題解決で大切なことは何か？

「頭から偉そうなことを言っても前には進みません。やはり一人ひとりが責任感を持つようでないと」と意識改革には相当の時間がかかるという安道の認識。千里の道も一歩からである。

秀太郎の後を受けた安道は社内の意識改革、経営課題の解決を実行しながら、「オンリーワン企業を目指そう」と社内に呼びかけていった。

第2節 オンリーワン企業の実現を重点項目に

「創業時の原点」にたち還り、「ワタキュー精神」を発揮し、この困難な時代を、お互い手を携えて乗り切ろう――１９９７年（平成９年）に安道光二が社長に就任後、ワタキューグループの全社員に向けて発したメッセージ。当時のグループ社員総数は約１万９０００人、グループ会社は30数社に拡大。グループをまとめていくために、このメッセージの趣旨を「基本方針」として制定し経営の根底に据えた。社長就任５年目に21世紀入りし（２００１年＝平成13年）、前年には介護保険法が施行されて介護関連事業が普及。さらに調剤薬局事業も広がりを見せていたが、グループ会社間での事業の重複も発生していた。グループ全体の経営の効率化と更なる発展のため事業の再編・統合を進めていく中で、安道は、人材育成・グループシナジー（相乗効果）発揮によるオンリーワン企業の実現を重点項目とした。

○調剤薬局事業と介護事業への進出

顧客や取引先に「感謝の気持ち」で接し、「謙虚な姿勢」で対応するという創業時の精神を取り戻そうと、「ワタキューグループ基本方針」を作り、社是を『心』とする――。

安道は社長に就任後、ワタキューグループ各社の事業の見直し、再編・統合を進めていく中で、グループ全体の持続的発展のために「『基本方針』の実践とグループシナジーの徹底」、「人材の育成とオンリーワン企業の実現」を掲げた。社長就任当時のワタキューグループの社員総数は約1万9000人。手がける事業も増え、グループ会社は30数社になり、経営規模は拡大していた。

「グループ会社にはそれぞれの会社の経営方針があります。また、グループ各社の社長さんたちが交替するときに、新しいトップが自分たちの新しい経営方針を打ち出すことはあります。それはそれで結構ですが、経営方針の最後に『基本方針の実践とグループシナジーの徹底』と『人材の育成とオンリーワン企業の実現』の2項目を必ず付け加えてくださいと伝えるようにしました」

安道は「人材を育成し、顧客や取引先などから『オンリーワン企業』と言ってもらえるようなグループにしていこう」、そして「グループのシナジー（相乗効果）を発揮していこう」とグループ全体に呼びかけていった。

日本人の平均寿命が延び高齢化が進むことから、日本政府は今後の高齢化社会に備えるため、1989年（平成元年）に「ゴールドプラン（高齢者保健福祉推進十か年戦略）」を策定した。また1990年前後から医薬分業（医師の薬の処方と薬剤師の調剤業務を分けて効率経営を目指すこと）のメリットが叫ばれ、その流れが本格化してきていたこともあり、高齢者介護関連事業と調剤薬局事業の需要が高まることが予測された。

このような状況の中で、綿久寝具（現ワタキューセイモア）では高齢者介護関連事業と調剤薬局事業への参入を検討。そして、1992年（平成4年）に、東京・新大久保に「ワタキュー薬局」の第1号店を開店した。1994年（平成6年）開店の「ワタキュー薬局南麻布店」には介護用品ショールーム「おもいやりの泉」を併設。また1999年（平成11年）には、東京・大森にホームケア事業本部の事務所を設置した。

2000年（平成12年）4月には、介護保険法が施行された。日本は高齢化が他の先進国と比べてもいち早く進み、高齢者の介護は大きな社会的課題となってきていた。ワタキューセイモアは、2001年（平成13年）2月にホームケア事業本部を分社化し、株式会社ハートウェルを設立。主な事業は、福祉用具のレンタル・販売と住宅改修（お客様の身体状況等に応じて手すりやスロープなどを設置）などであった。この年は、7月からワタキューセイモアにとって節目となる第40期の決算期がスタートし、また、安道が社長に就任して5年目を迎える年でもあった。

ワタキューセイモアは、このように調剤薬局事業と介護関連事業に参入していったのだが、調剤薬局事業については、グループ会社のセンチュリーヘルティ株式会社が先行して参入。同社はワタキューセイモアと商社の折半出資で設立した会社で、当初は医療関連の物品販売やカタログ販売を手がけていたが、時代の流れの中で調剤薬局の将来性に着目していたのである。

そのため、調剤薬局事業において、ワタキューセイモアとセンチュリーヘルティが競合する期間があった。「同じグループ内で競争関係になってしまった。それは具合が悪いということで、商社と交渉を重ねてワタキューセイモアが商社所有の50％を譲り受け、センチュリーヘルティを完全子会社にしました」

センチュリーヘルティの営業は、ワタキューセイモアから出向した社員が担当。病院内で使う机や事務用品から日用品までを扱っていた。商社から取締役など幹部２人が出向して来ていたが、売上や利益の半分は商社の取り分になっていた。

ワタキューセイモア側の仕事の比重が大きかっただけに、安道も粘り強く交渉して商社側の了解を取り、２００１年（平成13年）にセンチュリーヘルティを完全子会社化。株式会社フロンティアに社名変更して新たな出発となった。２０１３年（平成25年）にフロンティアは、ハートウェルを吸収合併し、現在、調剤薬局「フロンティア薬局」の運営と福祉用具のレンタルを中心に事業を行っている。

「介護を必要とする人たちのお手伝いをさせていただこうと訪問介護をやるためにホームケア事業本部を作ったんですね。ただ、あの頃は介護事業も手探りで、なかなか伸びなかった。それで関連会社のセンチュリーヘルティが薬局を手がけており、介護と薬局という事業にしようと考えましてね。まずはセンチュリーヘルティの薬局をフロンティアに一本化。次にハートウェルの福祉用具レンタル事業などを統合して、現在のフロンティアがあるんです」

各事業は成長させていかないといけないが、グループ会社が膨らんでいくうちに事業の重複も起き、グループ内で同じ土俵での競争が生まれるという弊害も現れた。そうした重複事業の再編・統合を含めて、グループ内の事業構造を見直し、時には事業の再編成を一気呵成《いっきかせい》に進めようという経営判断。安道が社長に就任してからの重要な仕事の一つとなっていた。

○『薬局』領域は今後も事業再編が続く

時代と共に事業環境もまた変わってくる。医薬分業の流れの中で誕生してきた調剤薬局もそうである。医薬分業とは、薬の処方と調剤を分け、医師と薬剤師がそれぞれ自分本来の仕事に専念できるようにすること。医師の診療後、薬の処方箋《しょほうせん》を作る。それを患者が受け取り、院外の薬局で調剤を受ける割合を医薬分業率という。この医薬分業率についいて1997年（平成9年）、厚生省（現厚生労働省）は主要国立病院に対して70%以上になるように指示。

以降、医薬分業は急速に進み、2003年（平成15年）に全国の医薬分業率は初めて50％を超えた。今は完全な医薬分業に近づきつつある。

厚生省による医薬分業の促進と規制緩和を背景に、元々薬店だった所やドラッグストアと呼ばれる分野からの調剤薬局事業への参入もあり、今は混戦状態。門前薬局（病院の近くにある調剤薬局）が何軒も建ち並ぶような競争の激化も起きている。

少子高齢化の進行で、日本の医療費は膨れ続け、現役世代の負担も重くなり続ける。そこで医療費削減の施策の一つとして、２０１３年（平成25年）に厚生労働省から「後発医薬品（ジェネリック医薬品）」の使用促進が打ち出された。

「後発医薬品」は、先に開発・発売された「先発医薬品」と有効成分・品質・効き目・安全性が同等で、かつ、研究開発費が抑えられることで薬価が安くなる。医師が後発医薬品を処方すると、医療費の削減につながるということである。その反面、調剤薬局の収入は下がることになる。「ええ、薬価は引き下げられる方向にあり、経営環境は厳しいものになってきています」と安道も語る。

調剤薬局業界ではM＆A（合併・買収）などの話もあり、今後も合従連衡が続き、業界の勢力図も塗り変わりそうだ。「今は大手が小さい所をどんどんM＆Aしており、これからも激戦が続く」と安道は気を引き締める。

患者様に薬の用法等を説明する薬剤師

今は業界の垣根がなくなり、業態が複合化する時代。コンビニ大手が薬局部門を新設することもあれば、逆にドラッグストアが食料品や日用雑貨も扱い、ますますコンビニ化している。調剤薬局もコンビニ化の方向を辿る。業態は何も固定しているものではないし、要は顧客（ユーザー）のニーズにどう応えていくかという命題である。

○病床数抑制で基準寝具が伸び悩む中、周辺業務を……

医療費は年々増加し、財政難が続く中、医療費の伸びの抑制は大きな課題だ。この流れの中で、病院のベッド数の増加も抑制され、基準寝具の需要の伸びは、今後期待できない。また、病院側でも更なる経営改善が必要となる。そこで病院は本業の医療に専念し、付随する様々な周辺業務を外部に委託することで、経営の効率化を目指すようになっていった。

ワタキューセイモアでは、例えば、病室のベッドメイキングや病院内の清掃、手術に使用した器材の洗浄・滅菌などの業務を「引き受けてくれないか」と病院側から相談を受け、引き受けるようになっていった。ワタキューセイモアでは、このように、本業に徹している中で、さらに新しい事業を掘り起こしていくことになった。

「病院が困っていることは何か。例えば、手術した後の器具の洗浄・滅菌。これは病院自身でやっていたんです。それを当社で引き受けるという形で滅菌業務も手がけていくことにしたわけです」

２０００年（平成12年）８月には、人材派遣業のグループ会社「株式会社メディカル・プラネット」を設立した。薬局業務を開始するときに「グループ内に薬剤師がいなく、薬剤師を数多く採用する必要に迫られた」（安道）ことが原体験となっている。薬剤師の雇用ニーズは高いので、人材派遣業務にも進出したという次第。

「それでお医者さんとか、栄養士さんとか、士のつく資格を持っている人だけの専門の派遣会社をつくったんですね。しかし、地方ではお医者さんの来手《きて》がないのが現状。病院の閉鎖、縮小も起きています。深刻な問題です。もともとはワタキューグループのためにやろうとしたんですが、それだけではなく、幅広く社会の派遣ニーズに応えようと枠を広げていきました」

安道は、本業に付随するさまざまな周辺業務の開拓を進めていったわけだが、人材派遣業、清掃業務、滅菌業務などはグループの別会社でも実施していたことから、これらの事業についてもグループ内の事業再編・統合を実行した。そして、人材派遣業はメディカル・プラネット、薬局と介護福祉事業はフロンティア、清掃・滅菌などの業務はワタキューセイモアにて展開することにしていった。しかし一連の改革に対して、グループ内には戸惑いの声や一部には反発もあった。

「合併ということになると、役職者の数が減るし、社長や専務の数も減る。それに辞めていった人も出てきて、いろいろな反応がありました」と安道も述懐。

しかし、安道はグループ全体を見る立場の責任者として、新事業の開拓と改革を遂行していかなければならないと密かに覚悟を決めて仕事に臨んだ。

「みんながワタキューグループという一緒の船に乗って、同じ方向に進んでいるんですからね。お互いに同じ仕事でライバル視し合って競争するというものではなく、力を合わせる方向でやっていこうということです」

何より、『グループが一体となっていこう』という安道の経営理念である。

第6章

企業経営をつなぐ

第1節

創業精神を基本軸に企業経営をつなぐ

企業経営をつなぐ――。時代の変化に対応して事業を起こし、それを発展させ、会社を成長させていく。安道光二は社長時代の2002年（平成14年）に創業130周年、2012年（平成24年）に創業140周年記念式典を開催。1872年（明治5年）、創業者・村田久七が製綿業を起こして、経営は長男・庄太郎に受け継がれ、3代目の村田清次の代に病院基準寝具の綿久寝具を設立。以降、清次の弟・秀太郎の社長時代に綿久寝具はワタキューセイモアと社名を変更（1992年=平成4年）。1997年（平成9年）、安道は社長を受け継ぎ、そして2018年（平成30年）、村田清和（清次の長男）にバトンタッチ。故郷・島根を離れて、1957年（昭和32年）に入社して60年余。人と人のつながり、出会いが今日の自分をつくったと感謝する日々。

○風通しのいい会社にするための工夫

ナンバーワンではなく、オンリーワンを目指す——。売上高、利益でナンバーワンになるには大変な努力が要求されるし、業界内でも一目置かれる存在になる。ただ、それだけを言われるような企業ではいけない。

やはり、自分たちの仕事が社会のお役に立てているのかという自問と自省《じせい》を常に行い、「感謝の気持ち」と「謙虚な姿勢」、同時に前向き精神で仕事に臨んでいく。そうすることで、顧客や取引先の人たちとも共存共栄の関係が築けるという安道光二の思い。それがオンリーワンを目指すという行動につながっていくということ。

そのためにも人材育成が不可欠。新入社員は入社してすぐ研修施設の『一心館《いっしんかん》』に入る。ここで寝食を共にし、学びの生活を1年間送るようにする人材育成制度をスタートさせた背景には、安道の「人を育てたい」という思いが根底にある。現実に人を育てると言っても、短時日にそれができるということではない。試行錯誤もある。

オンリーワン企業を目指すという目標を掲げ、名実共にオンリーワンと言われる企業にしていくには、企業を支える人材がいなければならない。グループ会社は約50社。社員総数も約9万6000人（2020年＝令和2年5月時点）にのぼる。これだけの規模になると、それこそ多様な現場があちこちにある。

そういう多様な現場と経営陣はしっかり噛《か》み合っていないといけない。経営力と現場力が融合してこそ、企業の成長は促進できる。別の言葉でいえば、経営力はトップダウン、現場力はボトムアップである。トップダウンもボトムアップも共に一方通行であってはいけない。両方がうまく噛《か》み合ってこそ、企業経営はしっかりと運営できる。

企業経営の責任は経営陣にあるし、とりわけトップの使命と責任は重い。経営トップは現場がどういう状況に置かれ、どういう状態になっているのかを常に把握しておかないといけない。

安道は社長になってから社員に、何か不都合な事を抱えたり悩んだり、また上司の嫌がらせやパワーハラスメントなどを受けていると感じたりしているときは遠慮なく社長宛に連絡してください――という通知を出している。

「風通しのいい会社にしなければいけない。人の集団だから、日々、何かしらの問題は起きます。それを手がつけられない状況になる前に何とかして解決していく。そのためには何でも言ってきてくれと」。トップ宛の連絡先を明記して、社員全員に通知した。

その成果はどうか？

「グループで毎月、60通ほどの訴えが寄せられるようになりました」と安道。それは1日に2通の手紙やFAXなどがあるということ。パワハラやセクハラを含めて、いろいろな問題や悩みが寄せられる。その解決へ向けて、時にはコンサルタントを交えて、当事者とも話し合いをする。寄せられた訴えは何とか解決の道筋を探っていけるが、問題が隠とくされる場合は闇の中に葬られることになってしまう。それではいけないということだ。

◯改革は忍耐強く

その意味で、「毎月60通ほどの案件が寄せられるということは、逆に風通しのいい組織ということにもなります」と安道はワタキューグループの風土について語りながら感想を述べる。

「昔はパワハラ、セクハラの類も少なくありませんでしたが、今はほとんどない。言葉の暴力という問題も含めてです。昔は例えば調理師などは修行の世界といわれ、手荒いというか厳しい仕事の現場でしたからね」

ワタキューグループが病院給食の分野に入り、日清医療食品をつくったのは1972年（昭和47年）。当時は病院へ納める給食をつくる調理師を数多く雇わなければならなかった。その頃の調理師には職人肌の人も相当数おり、調理現場では荒っぽい言葉が飛び交っていた。

「入社した途端《とたん》に職人肌の先輩にガツーンとやられて嫌になって職場を辞めてしまう。本人からすれば『希望を持って入ってきたのに…』という気持ちになってしまう。そういう職場ではいけない。もっと改善していこうと呼びかけていったんです」

こうした職場の改革は一朝一夕には進まない。しかし、経営トップとしては、あるべき姿に向かって、みんなが努力していこうよと呼びかけ、成果をあげていかなくてはならない。改革には何が必要か？「思いやりの一言《ひとこと》です」と安道は言う。こうした経営改革、風土改革はワタキューグループの「基本方針」に則《のっと》って実行されてきている。

「基本方針」の冒頭で「私達は創業時の原点にたち還り」と謳《うた》い、仕事に関わる方々（お客様、仕入先、協力企業の方々、会社のみなさん）に接する姿勢や心構えを「お客様には仕事をさせて頂いている」のようにわかりやすく挙げて、「感謝の気持ちと謙虚な姿勢で何事にも接する社風を醸成するとともに、誰もが思いやりの心を持ち、互いに協力し、人に誇れる立派な会社に勤めて良かったと思えるグループにする」と続く。「『基本方針』の通りに日々の仕事をしていこう」と安道はコトあるごとにグループ社員に説き続ける。

「ワタキューグループに入ったのは、いい『基本方針』があるからという社員がいるんです。ところが実際に入ってみると、嫌な場面に接したという社員もいる。せっかく入ってもらった社員は大事に育てないといけないし、彼らが困惑しない社風にしていくべきです。それには『基本方針』に沿った生き方・働き方をしていこうではないかと」。改めて創業以来約150年、同社が歩んできた道を振り返ると――。

○なぜ、今、創業精神か

１８７２年（明治5年）、村田久七《きゅうしち》が京都府綴喜《つづき》郡井手町《いでちょう》で製綿業を起こしたのがワタキューグループの始まり。２代目・村田庄太郎《しょうたろう》が製綿工場の近代化を進めるなど家業を発展させた。

３代目・村田清次《きよつぐ》は太平洋戦争後の復興期に経営のカジ取りを担った。１９５０年（昭和25年）に株式会社化を計り、朝鮮戦争特需の際に先を読む経営で成長。そして国民皆保険制度がスタートした翌年の１９６２年（昭和37年）に「綿久寝具（現ワタキューセイモア）」を設立。

病院基準寝具事業に参入し、基準寝具業界のトップ企業の地位を構築。また、清次は１９７２年（昭和47年）に日清医療食品を設立して病院給食事業に参入するなど、今日のワタキューグループの基礎をつくった。

４代目・村田秀太郎《ひでたろう》社長時代（１９８１年＝昭和56年から１９９７年＝平成９年まで）は１９８０年代の円高不況、バブル景気、そしてバブル経済崩壊、行財政改革による三公社（国鉄、電電公社、専売公社）の民営化など社会変革が進んだ時期。こうした状況下、1992年（平成4年）に社名を綿久寝具からワタキューセイモアに変更、グループ各社は新しい時代へ踏み出していった。

そして1997年（平成9年）8月に、5代目として安道光二がワタキューセイモア社長に就任。創業家以外から、初の生え抜きのトップ就任。中興の祖である清次はグループの中核・綿久寝具、つまり現在のワタキューセイモアの初代社長。したがって、安道は同社の3代目社長ということになる。

安道は1957年（昭和32年）、清次社長時代に入社し、ワタキューグループの社員としての人生をスタートした。働きながら定時制高校、そして立命館大学を卒業。後に東北市場開拓を言い渡され、安道は36年間、仙台を拠点に活動。この間に取締役、常務取締役として経営陣の一角を担うようになり、1981年（昭和56年）に清次が亡くなるまで、経営トップとしての生き様を目の当たりにしてきた。

ワタキューグループは2022年（令和4年）に創業150周年を迎える。この永い道のりを歩いてこれたのは、「創業家の歴代経営者もその家族も、『感謝の気持ち』と『謙虚な姿勢』で周囲のみなさんと一緒に仕事をされてきたから」という安道の思い。

そして、安道は1997年（平成9年）に社長に就いたときに、何より「自分の代で経営をおかしくするわけにはいかない」との思いを強くした。それが、経営改革の原動力になったのは既述の通り。

安道が綿久製綿に入社した当時、お客様が会社を訪ねてきた際、清次とその母・ハルヱ（3代目・庄太郎夫人）が腰を折り、頭を深々と下げて挨拶をする姿をいつも目の当たりにしてきた。文字通り、創業家は『感謝の気持ち』と『謙虚な姿勢』に徹してきた。

今は、ワタキューセイモアは病院基準寝具のトップ企業、そして日清医療食品は病院給食のトップ企業。それぞれ約30％のシェアを握る。それだからこそ、ワタキューグループはこれからも『感謝の気持ち』と『謙虚な姿勢』に徹し、社会に貢献する会社として生き抜かねばならないという安道の今の心境である。

ワタキューグループはそうした『感謝の気持ち』と『謙虚な姿勢』を具体的に示す象徴として、『ワタキューおじぎ福助』を全国の拠点・事業所の机の上に置いている。

○人材を『人財』に

安道は人材を『人財』として育てていきたいと言う。せっかくワタキューグループに入り、希望に燃え、さあ挑戦していこうと心が弾んでいるときに、心が折れるような場や環境を上司や先輩たちが作っているようなことがないかという自問自答。結局、〝思いやりの心〟が大事だということである。

「人柄がいいのが一番ですから。そうなると、みんな穏やかになるじゃないですか。社員のみんなが、この会社で働くことができていいなと思えてくる」と安道。もっとも、現実には入社して間もなくして辞めていく人もいる。

「もったいないと思います。少し我慢して自分たちも改革の方向へ向かって歩き、共に会社や組織を良くしていく。これも本人の成長につながるし、会社にとってもいいこと。だから、風通しを良くして生き甲斐や働き甲斐のあるグループにしていきたいなと。そう思っています」

安道は入社したての頃、同僚が仕事の厳しさに耐えられず辞めていく者がいる中で、なんとか踏ん張った。昼間働き、夜は定時制高校、そして大学に通うという生活を送れたのも周囲の理解と協力、支えがあったからだと今も感謝の念を強くしている。

今、振り返ると、入社したての頃、郷里・島根に帰り、思わず「辞めたい」と親族の前で洩らしたことがある。そのとき親戚のおばさんから「石の上にも三年だ」と叱られ、思い直したことがあった。1つの決断がその後の人生を大きく左右することは少なくない。

一生懸命に生きる――。想定外の出来事が起きる今日、これが大事ではないかという安道の思い。「人生はエンジンと一緒。燃料の吸入、圧縮、爆発、排気のサイクルを実行し、また吸入へ戻る。世の中も一度止めても、しばらくしてまた始まる。人や自然界の営みも、いずれ元に戻る。そうした世の中の変動、変化の中で、大事なのは思いやりの『心』ではないか」という安道の訴えである。

創業140周年記念式典で『長期ビジョン』を発表する安道会長

第2節 想定外のリスクが多い中、人と人のつながりを大事にして

「企業は人なり」――。『想定外』のリスクが多くなった今、企業経営にはいろいろな危機要因がまとわりつく。押し寄せてくる危機にどう対応していくか。また、それをいかにして乗り越えていくか。結局、そうした危機を克服し、課題を解決するにも「人」。安道光二が社長就任以来、人材育成に力を入れ、新入社員の研修のために『一心館』を設立したのも、そのような考えからであった。社員の福利厚生、引いては生き方・働き方改革にもつながる企業内保育所の設置もその実践例。人と人のつながり、人の輪が、企業が成長していくうえで大事。そして企業経営は社会と共にあり、社会貢献をどう果たしていくかも重要な命題。過去の営みの蓄積で現在があり、現在の活動が未来の発展を促す。いつの時代も大事なのは『感謝の気持ち』『謙虚な姿勢』、そして思いやりの『心』である。

○社員が働きやすい環境整備の取り組み

安道は、工場で働く方への福利厚生の一環として、小さなお子さんのいる社員にも働きやすい環境を提供するため、工場内保育所を設置している。「全国の工場に自分たちで作った保育所を持っています。母親はそこへ子供を預けてから働くことができます。保育所がないと、工場で働く人が困るということで、以前から用意してきました」

日清医療食品の場合は、提携先の病院の入院患者に給食を提供する仕事。したがって、働く場所は病院になるが病院で自前の保育所を持っている所は少ない。「正直に言って困っていますが、どう解決していくか。今、模索しています」

グループ各社の働く環境は個々に違い、その中でどう仕事と家庭の両立を図っていくかという課題について、現在さまざまな検討を進めている。

◯コロナ危機など『想定外』のリスクが多い中を……

いつの時代もリスクは存在するし、自然災害や天変地異を伴う危機が突然やってきたりする。こうした危機にどう対応し、どう生き抜いていくべきか。

新型コロナウイルスの感染は２０１９年（令和元年）の年末から中国・湖北省武漢市でクローズアップされ、翌２０２０年（令和２年）の年初には世界への伝播が懸念されるようになった。ついにＷＨＯ（世界保健機関）は３月11日にパンデミック（爆発的な世界流行）を宣言。感染力が強く、欧米では米国をはじめ、イタリア、スペインで亡くなる人が急増。医療崩壊が現実のものとなった。いかに国民の命と健康を守っていくかが最重要課題だが、経済への打撃も深刻。この新型コロナウイルス問題は長期化が予想される。

日本では、安倍晋三首相が４月７日に緊急事態宣言を行った。感染拡大防止のため、政府や自治体は「不要不急の外出を控えるように」と国民に要請。東京都は４月11日、人の多く集まる場所や店舗などの休業を要請した。京都も、ついこの間までインバウンド客であふれていたが、2月初めから外国人観光客の足がパッタリと途絶えてしまった。京都を拠点に、全国を回っていた安道にとっても緊張感のある日が続く。「京都駅も閑散としていますね。街中も、ふだんは内外からの観光客でいっぱいだったのに静かでね。様変わりです」と安道。

感染拡大防止のため、ワタキューグループの春の主要行事である、4月のワタキューグループの入社式は中止。3月の『一心館』卒館式には、本来ならグループの関係者も多数出席し、夜にはグループ役員との懇親会を開くなどして、晴れやかで厳《おごそ》かになるはずだったが、行事の一部のみ実施。「心残りですけど入社式を中止せざるを得なかった。一心館の卒館式の行事は修了報告会だけにしました。卒業生が謝辞を述べ、1年間の研修の成果を発表するわけですが、ワタキュー本部の関係者のみが出席して卒館を祝いました」

ワタキューグループでは、感染者を社内から出さないため、会議や打ち合わせなどを、WEBを活用して行っている。こうした感染症対策はしばらく続くと予測しており、社業も緊張感を伴う。「何とか、このコロナ禍を乗り切り、そして皆の知恵と連帯で早く終息するように祈っています」と安道は語る。

5月25日に、全都道府県の緊急事態宣言がようやく解除されたが、まだまだ予断を許さない状況が続く。このコロナ禍が終息後、人々の生き方や働き方、価値観などが大きく変わることが予測され、新たなモノやサービスなどの産業秩序の創造も重要な課題となるだろう。

○安道が3歳の時に父・清はレイテ島で戦死

ここで、改めて安道の足跡を見ると、1941年（昭和16年）生まれの安道は3歳のとき、父親を戦争で失った。2人兄弟で3歳上の兄は父親の顔を覚えているが、父親の出征時に赤ん坊だった安道は「全く分からない」と言う。安道は写真でしか父親の姿を見たことがない。

父・清は男2人、女5人の7人きょうだいの次男。長男も戦死し、女性5人が残った。伯母さん、叔母さん、そして母親と女性中心の親族だった。「親父の姉妹は生きていましたしね。女性ばかりでしたけれどもね」。その伯母や叔母たちは、父・清についていて「優しい人だった」と語ってくれた。清は農耕馬の世話をし、また、本人は料理が好きで、姉や妹たちにも料理を振る舞ったという話を聞かされ、子供心に父親像を描いていた。

清は１９４５年（昭和20年）にフィリピン・レイテ島で戦死。30歳だった。清は１９３７年（昭和12年）の日支事変の際に出征したが、いったん帰郷。本人は目の具合が悪く、「甲種合格にならなかったが、太平洋戦争の戦況が酷くなり、甲種も乙種も関係なく、南方戦線に引っ張られたと聞いています」という。

父親の戦死の公報が届いたのは戦争が終わってずっと後。安道が小学校に入るか入らないかの頃だった。「母が郵便を受け取って、それを見てワーッと泣き崩れてましたからね。わたしはその時、お袋がなんで泣いたのかわからなかった。あれが戦死の公報だったんだなと」

戦後間もなくは、夫あるいは息子が戦死したのか、現地で生きているのかと不明な家族が多かった。遺書があるわけでもないので、そうした人たちは一縷《いちる》の望みをかけて帰宅を待ち望んでいたのである。

後に送られてきた白木の箱の中には遺骨ではなく、レイテ島の砂が入っていた。「わたしの母の弟の場合は戦死の公報が２回来ましたからね。母の実家は葬式を２回やりました。第1回はやはり箱の中は砂で、２回目には遺骨と称するものが入っていた」。親戚や友人の家でも戦死した関係者が多かった。「小学校の友人たちの３分の１の家では誰か戦死していました」と安道は語る。

小学校６年時には、戦争遺児を担任教諭が引率して、東京・靖国神社に参拝しに行った。１９５２年（昭和27年）のことである。「長い時間かけてね、島根から東京まで汽車に揺られてね。トンネルに入ると窓をすぐ閉めないと、石炭のススで顔が真っ黒になった思い出があります」

◯おばの一言で自らの意思を固めて

「石の上にも三年だ。いったん就職したからには仕事を続けなさい」――。安道はおばからのこの一言で、困難や苦労にぶつかった時に忍耐強く乗り越えていこうと意思を固めた。

既述の通り、安道は郷里の島根県を15歳で離れて綿久製綿に入社。製綿業の仕事のきつさに耐えられず、会社を辞める同僚も多く、安道自身も入社1年目の暮れに帰郷した際、辞めるか残るかで悩み、親族の集まりの時に辞めたいと話したときに、おばからこのような叱咤激励を受けたのだった。

安道は社員に向けて「一に辛抱、二に辛抱、三、四がなくて、五に辛抱」という言葉で、忍耐強く取り組むことの大切さを一心館生や社員に伝え続けている。

○病院寝具業界のさらなる発展に貢献

安道は2004年（平成16年）から2018年（平成30年）まで14年間、一般社団法人日本病院寝具協会の第8代理事長を務めた。

その間、東日本大震災や全国各地での豪雨災害などの際の被災地域への支援や、病院寝具類の衛生自主基準「寝具類の消毒に関するガイドライン」作成、寝具類洗濯工場の衛生検査など、さまざまな活動・施策を実施。

より安心・安全で衛生的な寝具類の提供をして公衆衛生の向上に貢献したことが評価され、2017年（平成29年）秋の叙勲において、旭日小綬章を受章した。祝賀会の挨拶で安道は「みなさんの支えがなければ、このような素晴らしい章を頂くことはできなかった。本当にありがとうございました」と、感謝を伝えた。

◯人と人のつながりを大事にしてこそ

安道は、ワタキューセイモアの社長に1997年(平成9年)就任。そして、同社の創業者で『綿久』3代目の村田清次の経営理念を受け継ぎ、社会にしっかり根を下ろした企業にしていこうと、「人財」の育成に心血を注いだ。研修場の『一心館』設立も「人財」育成の一環である。

「基本方針」を制定し、「感謝の気持ち」と「謙虚な姿勢」で何事にも接する社風を醸成することに努め、誰もが思いやりの『心』を持とうと訴える。そして社是を『心』にするという誓いである。

中興の祖・清次が亡くなったのが1981年(昭和56年)。それから16年後の安道の社長就任。入社してすぐ、働きながら定時制高校に通い、立命館大学にも通った。働きながら学ぶことにも安道の忍耐強さは示されているが、本人は「周りに支えられて」と淡々と語る。

夜間の授業を受けた後、1時間かけて帰寮。夕食も摂らずに登校して授業を受けての帰寮だから腹が空いて仕方がない。会社の隣にあった清次宅で相談すると、社長夫人から「そんな事だったら早くいえばよかったのに」と言われ、その日から夜食を用意してくれたのは既に記した通りである。

人の支えがあって自分はやって来れたという安道の思い。人と人のつながり、出会いが全ての元になっているということだ。

○ソフトテニスや大学理事などの社会貢献

安道は2016年（平成28年）に公益財団法人日本ソフトテニス連盟の会長に就任（2020年＝令和2年5月現在、2期目）。同連盟は「ソフトテニスの普及振興を図り、国民の心身の健全な発達に寄与する」という趣旨で設立された。安道は京都市・京都府・近畿・西日本の各ソフトテニス連盟会長を兼任し、更にアジアソフトテニス連盟（会長は海部俊樹元首相）と国際ソフトテニス連盟は共に副会長の要職にある。

「ソフトテニスは日本発祥のスポーツです。明治時代に黄色いボールを使う硬式テニスが伝わったものの、当時の日本では用具の調達が困難だったため、安価なゴムボールで代用したのが始まりと言われています」。ソフトテニスは若い世代から高齢者まで、また世界中に幅広くファン、愛好者を持っており、世界選手権、アジア選手権は共に4年に1回開催されている。「ワタキューセイモアでも高校・大学で活躍したソフトテニス選手を採用しています」と安道は語る。

安道は、お世話になった母校に何か恩返しをしたいとの思いで、生まれ故郷の島根県大田市立鳥井小学校に寄付（この寄付行為が評価され、２０１９年＝令和元年に紺綬褒章を受章）。２０１４年（平成26年）からは学校法人立命館の理事を務める。

日本ソフトテニス連盟主催　世界ソフトテニス選手権 日本代表選手 入賞者の表彰式・祝勝会にて

産業人の集いでは、約40年、拠点にした仙台のライオンズ活動。そして本拠・京都では現在、京都商工会議所のサービス産業部会の副部会長を務め、京都経営者協会では副会長を経て現在顧問である。

人と人のつながり、人の輪を得て、安道は懸命に生きて、ここまでやって来た。先人の蓄積の上で現在の仕事に打ち込み、それを将来の発展につなげていく。過去、現在、そして未来をつなぐ主役はやはり「人」。人の成長を期し、社会に奉仕していければ、という安道の現在の心境である。

エピローグ

自らの人生は自らの手で切り拓く――。安道光二氏の足跡を振り返ると、その感を強くする。生まれたのは１９４１年（昭和16年）11月５日。出生地は島根県大田《おおだ》市鳥《とり》井《い》。出生時の地名は、安濃《あの》郡《ぐん》鳥《とり》井《い》村《むら》で日本海に面した所。

太平洋戦争に突入する直前の出生で、父親は出征し、南方（フィリピン）で戦死。父親が亡くなったとき、安道氏は３歳で「父親の面影は何一つ残っていません」と述べる。写真で父親の面影や姿を想像するしかない少年期を過ごした。

安道氏の同世代には、こうした辛い体験を持つ人は少なくない。そういう中で、安道氏は懸命に生きてきた。そして安道氏は、３歳違いの兄と自分を育てた母・春代さんの働く背中を見ながら育った。

厳しい環境変化をどう生き抜くかは、いつの時代にも共通する命題。安道氏は故郷には15歳になるまで居て、１９５７年（昭和32年）、当時の綿久製綿（現ワタキューセイモア）に入社。その後、働きながら定時制高校に通い、そして立命館大学経済学部を卒業。学業と仕事を両立させながら、1980年（昭和55年）綿久寝具取締役、1995年（平成7年）ワタキューセイモア常務となり、1997年（平成9年）社長に就任。2016年（平成28年）副会長を経て、2018年（平成30年）会長に就任という経歴。

この間、安道氏は、まさに「人生、山あり谷あり」であった。新入社員当時、製綿業の工場内での作業が厳しく、同僚たちが次々と辞めていく中、安道氏も思い悩んだことがある。入社1年目の正月、帰郷した安道氏が親戚の集まる会合でポツリ、「会社を辞めたい」と漏らしたところ、即座におばから「とんでもない。石の上にも三年だ」と咎《とが》めを受けた。「人のお世話になっていて、1年も経たぬうちに……」というおばの理屈である。

結果的に、この一言で安道氏も迷いから脱することができた。そして、どんなときも耐え抜いていこうという気持ちに切り換えることができた。もしここで辞めていれば、安道氏のその後の経営者人生、あるいは様々な社会貢献の場を持つこともなかったかもしれない。人は自らの人生を自ら切り拓くのが基本だが、人と人とのつながりで支えられているのも、また事実である。

人と人との出会いで人は磨かれていく。安道氏は入社するや、会社に「定時制高校に通いたい」と申し出る。この安道氏の申し出を3代目社長の村田清次氏は快く受け入れ、午後3時までの工場勤務の後、高校へ通学することを認めてくれた。こうした会社側の配慮がなければ、安道氏のその後の人生もまた変わっていたであろう。

夜の授業が終わって帰宅するのは夜の11時過ぎ。本社のある京都府綴喜郡井手町から国鉄（現JR西日本）の奈良線と京都線に乗り換え、京都市立洛陽高校（当時、現京都工学院高校）の最寄り駅である西大路駅まで通うには、約1時間半かかる。これを毎日往復するのだから、気力も体力も要求される。

午後3時に仕事を終えて列車に飛び乗り、夕方からの授業に出席。夕食は摂れず、帰寮する午後11時過ぎにはお腹はペコペコ。空腹に耐えかね、社長の奥さんに事情を説明したところ、寮の隣にある社長宅で社長夫人が夜食を作ってくれるようになった。

安道氏はこのことに恩を感じ続けている。人生には辛いことも多いが、こうした人と人とのつながり、支え合いがある。そうした日々のぬくもりが人々に、前向きに生きようとする力を与えてくれる。

想定外のリスクが押し寄せてくる現代の社会にあって、安道氏の青春時代の生き方・働き方を採録させてもらったのも、こうした人情や営みが、いつの時代にもあるということを、読者の方々と共に再認識していただきたかったからである。

安道氏はその後、1968年（昭和43年）に仙台営業所に着任。島根県生まれ、京都府育ちの安道氏にとって異文化圏での仕事である。習俗、風土も違うだけに、正直なところ、着任早々は戸惑いもあり、市場開拓にも苦労した。

言葉の違いや生活、習俗、文化風土の違いを痛感させられた。時には「関西人は嫌い、人を騙《だま》すからな」という言い方もされた。京都では「お茶漬けでもおあがり」と言われて、その通りにすると、気の利かない田舎者と受け取られる土地柄。そこで「いえ、ちょっと用がありますので」とおいとまするのが京都の日常的なやり取り。しかし、東北でお茶や漬物を出された場合、京都方式で対応すると、逆に水くさいと思われて、それこそ嫌がられる。

こうした文化風土の違いをわきまえてくると、東北の人たちはすっかり溶け込んでくる。「いったん知り合うと、東北の人たちは最後まで付き合ってくれます」と安道氏は語る。結局、1968年（昭和43年）以来、安道氏の仙台を拠点にした生活は36年間続いた。今でも仙台のライオンズクラブのメンバーでもある。

『人間《じんかん》、到《いた》る処《ところ》青山《せいざん》あり』――。人はいろいろな人に出会い、いろいろな文化や風土に接し、その地域に根ざしていく。地域と共生・共存を図るところから社会が生まれる。企業組織や地域社会の中にあって、全体と個の調和をどう図っていくか。いろいろと想定外のリスクが押し寄せるいま、安道氏の『感謝、謙虚、そして思いやりの心を』を刊行する機会を頂戴し、そのことを痛感する。

安道氏には率直に自分の人生を語っていただいた。また、この著書『感謝、謙虚、そして思いやりの心を』をまとめさせていただくにあたり、秘書の齋藤哲也氏や五十嵐麻衣さんにもお力添えをいただいた。編集スタッフ共々、心より感謝申し上げたい。

総合ビジネス誌『財界』主幹　村田博文

2020年5月　吉日

ワタキューセイモア会長・安道光二の
『感謝、謙虚、そして思いやりの心を』

2020年6月27日　第1版第1刷発行

著　者　　村田博文
発行者　　村田博文
発行所　　株式会社財界研究所
［住所］〒100-0014　東京都千代田区永田町 2-14-3
東急不動産赤坂ビル 11階
［電話］03-3581-6771
［ファックス］03-3581-6777
［URL］http://www.zaikai.jp/
印刷・製本　　図書印刷株式会社

ISBN978-4-87932-141-1